最強の「定年後」

後悔しないための極意

グリットコンサルティング
代表　野口 雄志
Yushi Noguchi

プロローグ

人生は一〇〇年時代

今や人生一〇〇年時代と言われています。

四〇歳代が平均寿命と言われていた明治時代から一五〇年経った平成の現代の平均寿命は、男女差はあるものの八〇歳代後半になりつつあります。

あなたの周りで生活している方々を見ても、或いは自分の親族を見てもわかるように平均寿命がとても延びているという現実を目の当たりにしているにも関わらず、自分の六〇歳以降の人生をどのように過ごすかはなかなか考える機会が無いのが現実です。

それは今までの皆さんの働き方が余りにも近い将来しか見えずにいたために将来に向けての働き方になっていないのも一因だと思っています。

会社員でいるあなたは五〇歳になり、「定年」という言葉が頭に浮かび始めているのではないでしょうか？

近年は各企業とも定年延長制度が増えてきて六五歳までは会社にいることが可能になってきましたが、やはり組織を離れなければならない「定年」というものがありますし、受け入れなければならない時期は必ずやってきます。

しかし、一〇〇年に近づこうとしているあなたの人生を考えてみればまだまだ動けますし、もちろん何かしらでも働ける限りは働けるわけですから「定年」という言葉は無くなるのです。

今まさに「人生後半の生き方」を考える時代になってきているのです。

でも目先の生活に追われ、定年後の自分を想像できない、準備もしていない、定年間際でいいかと思っている人も多いのではないでしょうか。

現代の五〇歳という年齢はまさに脂ののった働き盛り後半の年齢です。そのような方に人生の後半の話をしても、

「毎日の生活や仕事で忙しい日々を過ごしているので、準備などできない」

「定年になってから考えればよい」

と思っている方が多いのも事実です。

しかしながら、この五〇歳からの一〇年間をいかに上手に生きていくのかがその後の人生に大きな影響を与えることになります。

なぜならば、一〇年間を今までの延長としての、ただ単なる定年前の一〇年間でまったく同様に過ごしていくのであれば、定年後にやってくる六〇歳からの人生のリスタートが大幅に遅れてしまいます。

このリスタートの準備をできる限り早く始めることが、それからの人生における喜びを倍増させることは間違いありません。

五〇歳になったら、六〇歳からの人生の準備を始める

会社の組織の中で日々生活をしている方は会社の規則やしきたり、その時点での経済環境などからなかなか思い通りに行かない現実を、山のように経験してきたでしょう。

私も会社のために良かれと思った改革がなかなか進まなかったり、社内でも部門ごとの力関係が組織運営のさまざまな弊害に繋がったりと、苦しい状況で仕事をしてきました。

ただしそのような状況の中でもこれからの一〇年後の人生がより輝くために、と言えば

格好良く聞こえるかもしれませんが、より楽しく人生を過ごすために、今、自分にできることは何なのかを常に考えて行動してみることをおすすめします。

五〇歳になると若い年齢の時と違って、驚くほど月日の過ぎ去るのが速く感じるのは多くの人の一致する意見です。

しかも年々その速さが増していくように感じられます。一日は二四時間、うるう年以外の一年は八七六〇時間と決まっていて、全ての人が平等にしかも正確に同じ時間の中に生きているはずです。

それにも関わらず、歳を重ねるとなぜこうも速く感じるのか。今考えないと一〇年はあっと言う間に過ぎ去ってしまいます。

六〇歳になった時のイメージをしっかり持っていれば、日々の思い通りにならない仕事や経験こそが、六〇歳を超えてからの仕事の成長につながっていくからです。

例えば、思い通りにいかない仕事でも、将来の姿をイメージして今できることを実施するようにしたり、人間関係で難しい状況のチームを立て直す方法などはその経験自体が定年後に必ず活きてくることは間違いありません。

私は現在、東京銀座でコンサルティング会社を経営しています。物流最大手の企業で四三年間勤めて六一歳で定年退職して丸五年、周りの不安をよそに始めた起業もお陰様で五年間を通じて赤字期が一度もない優良企業となっております。

私の現在の仕事は、経営戦略から各種部門戦略、専門である物流やＩＴ戦略などのコンサルティングを手掛け、その他に上場企業の社外取締役や顧問、アドバイザーの仕事、年間を通して定期的に開催される各種団体の専任セミナー講師、企業における人材育成の講演、セミナーの講師、大学の客員講師や海外企業視察コーディネーターなどで世界を飛び回っている毎日です。

毎日が刺激的で、まだまだ挑戦したい仕事もたくさんありますし、知り合いたい人には積極的に出かけていく生活をさせていただいています。

私の場合には、五〇歳はまさに当時の物流最大手で大プロジェクトの真っただ中であったこともあり、定年後の準備はもちろんのこと、定年になるということすら頭にありませんでした。

その結果、六一歳で定年退職になってから今の生き方の基盤を作り始め、様々な準備をしたために人生のリスタートが大幅に遅れてしまったのです。

その時の経験から五〇歳から準備を始める重要さを学び、皆さんにおすすめしているのです。

五〇歳から始めれば、いろいろな選択肢が広がる

「しっかりと準備をしましょう」

よく周囲の人から聞こえることですが、まだ一〇年あると思っていると、瞬く間にあと残り三年、二年、一年と経過していき、気がついたら来年六〇歳の定年であったとなってしまいます。私たちは日々を精一杯生きているわけですから、先のことに関しては少しでも意識が離れてしまうと、このようなことは簡単に起こってしまいます。

そのためには少なくとも一〇カ月に一回は自分の人生について、またはこれからの計画についてのレビューをしてみて下さい。

会社員時代の私は、毎日を充実して過ごしておりましたが、必ずしも楽しい日々ばかりではありませんでした。出世に関すること、部員に関すること、その他様々な苦しい状況や障害を乗り越えてきたことは自分自身の血となり肉となっているのです。

そして、これらの経験が毎日を充実して過ごせる今の自分を作り上げているのは間違いありません。組織の中で同じような経験をしている皆様に、このリアルな成功の秘訣や失敗を乗り越えたノウハウをお伝えすることが、皆様へのアドバイスになると信じています。

何度も言いますが、一〇年間はアッという間に過ぎ去ってしまいます。

是非、この本に書かれたノウハウを参考にしていただき、これからの一〇年間を有意義に過ごすことができれば、その後に来る人生の後半は、もちろん経済的な問題だけでなく、生活のすべての面で、また精神的な面でも最高に充実し、安定し、感謝にあふれたものになるでしょう。そして文字通り「最強の定年後」を手に入れることができるはずです。

目次

第二章

組織の中で活きる自分か、組織の中では活きない自分か

第三章

好きな場所で好きな仕事を好きな時間にする「個人事業」「ひとり会社」の提案

第四章

考えておきたい定年後のお金に関する計画

第五章　体と心の健康が第一！

第六章　五〇歳から五年間のアクションプランが決め手

第七章 五五歳からの五年間で実行したいことはこれ！

第八章 六〇歳でついに最盛期がスタートする！

第一章

「五〇歳」になったら考える最強の定年後

自分にも定年がやってくることを理解する

あなたの日常の朝を想像してみて下さい。朝六時に起きて洗顔し、朝食を食べながら朝刊を斜め読み、流れている朝のテレビのニュースで気になるものがあると、ついつい食事の手が止まります。

いつもと同じ七時ちょうどに、愛犬と妻に見送られて自宅を出て駅に向かいます。近郊に買った一軒家は大きいとは言えないまでも、とても環境の良いところで我ながら良くやったと自分をほめています。

そんな自宅を出て振り向きながら駅に向かいます。

昨日の仕事はあまりうまく進まなかったので、今日は少し修正する動きをしないといけない、などと仕事の予定を考えながらのいつもの通勤行動です。いつもと同じ時間のいつもと同じ電車の満員の車内に乗りこみ、会社へと向かいます。

今年で五〇歳を迎えるあなたは、この朝の日常の動きが無くなったり、変わったりすることを考えられますか？

会社には定年制度があります。一般的には六〇歳定年の企業が多いので、五〇歳になったあなたは、あと一〇年間が会社人生の最終章になります。

しかし人生には定年制度、定年退職がありませんし、もちろん人生一〇〇年といわれる時代ですので、人生の最終章はまだまだ先のことですし、六〇歳になってもこれからまだまだ人生は続きます。

今までのあなたは、五〇歳まで楽しい時期を過ごせたでしょうか？ 特に会社に勤め始めて二八年から三二年の間に、仕事のことでも家庭のことでも苦しいこともたくさんあったはずなのに、なぜか楽しいことしか浮かんでこないものです。

これから後の四〇年弱の人生をどのように過ごすことができるのでしょうか？

これからの四〇年間も人生の最終章の時点で振り返った時に、今まで以上にもっと楽しいことしか浮かんでこないような生き方をしたいと思いませんか。

そこでまず五〇歳を迎えるあなたが最初にしなければならないのは、あなたが過ごして当たり前になっている**日常的な行動が一〇年後には全て変わり、新たな日常が始まることを理解することです。**

「そんな簡単なこと、すぐにでも理解できる」と思うかもしれませんが、これがなかなか難しいのです。

あなたが毎日通っていた会社に行かなくてよい状況を想像することは、長年の習性からはなかなか難しいのですが、世の中の時間が刻々と経過している以上、間違いなく、あなたにも起こる現象ですので、まずそのような生活に移行しても問題なく意識も行動も合わせることができるように、この一〇年間でしておいて下さい。

その柔軟性は間違いなく人生の後半に生きていきますし、その意識を持つことでこれからの一〇年間の重要性を認識できるようになります。

定年になるまで考えたくないと思う方も多くいると思いますが、それから考えるのでは間違いなく後手に回ってしまい、あなたの人生の楽しめる期間が少なくなるか、場合によっては全く楽しめる時間などがなくなることも考えられます。

五〇歳である今が、あなたの人生の後半を考える大きなチャンスになります。

人生の後半はこう生きたいとイメージする

あなたは定年後の人生は定年になってから考えればよいと思っていませんか？

あなただけではなく周りにいるとても多くの人が「定年後のことなどは考えているヒマは無いので、とにかくその後のことは実際に定年になって少しゆっくりしてから考える」と答えています。

もしあなたがそのように考えていたら大きな間違いです。少なくとも定年後は今まで以上の人生にしたいと思っているのであれば、五〇歳からの一〇年間で何ができるのかを考えなければなりません。この一〇年間がその後に大きな影響を与えるからです。

そのためには五〇歳を機に、これから始まる人生の後半をどのように生きるかじっくり考えてみることです。そして将来的に自分の生活や活動している姿をイメージしてみて下さい。

たかがイメージなので考えても仕方がない、無駄だとは思わないで下さい。この自分の

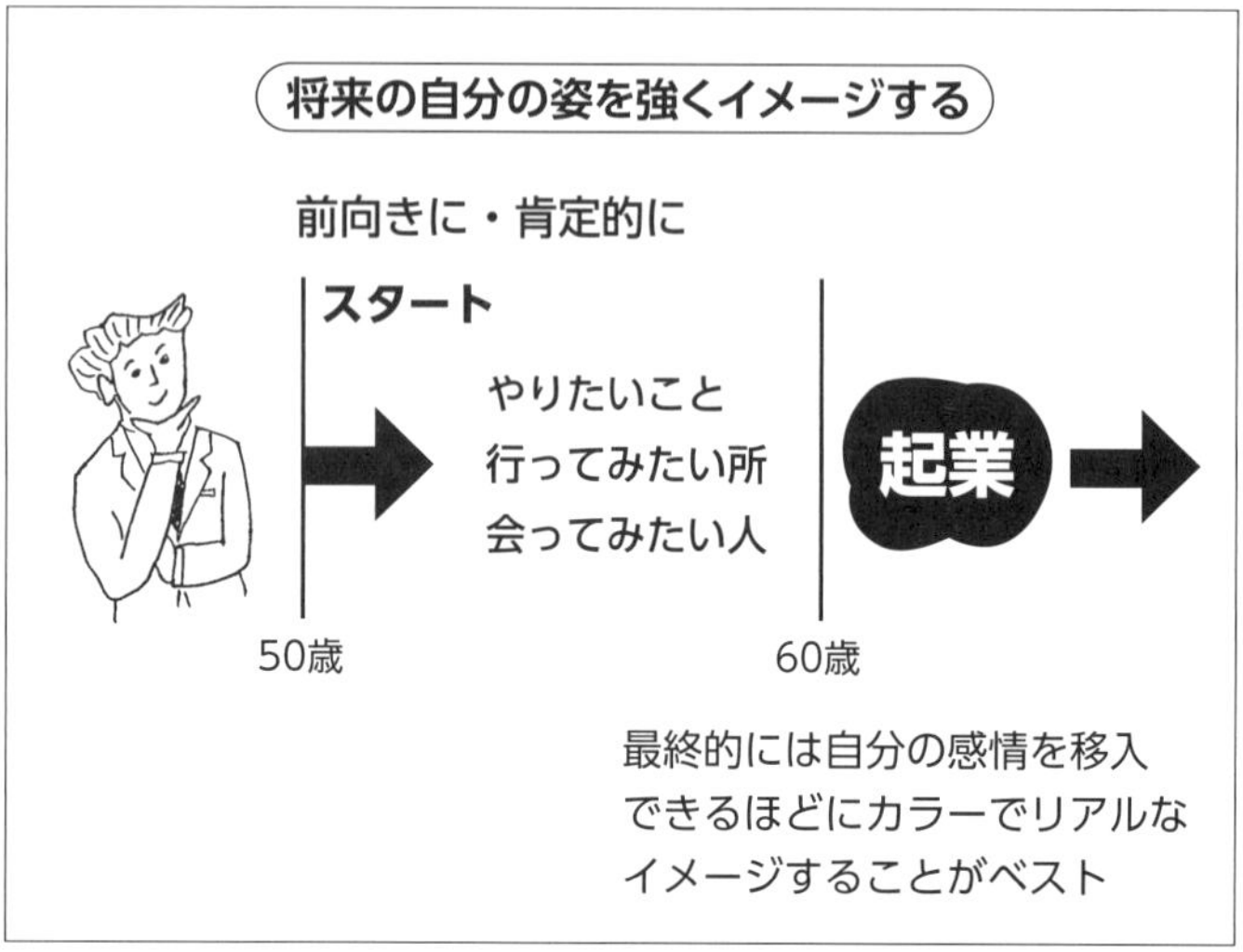

生きたい姿をイメージすることが実はとても重要なプロセスなのです。

将来の自分の姿をイメージできなければ計画はなかなか実現することはできないでしょう。

ここで言うイメージとは、これからの人生後半を突き進んでいくための大きな目標になる訳ですから、それに向かって心も環境も作り上げていくことになる最初のステップです。

まずはおぼろげなイメージなのかもしれませんが、最終的には自分の感情を移入できるほどにカラーでリアルなイメージができることがベストです。

ここでも注意しなくてはならないのは、あなたが想像する姿のイメージそのものを否定的ではなく、前向きに、肯定的に考えて欲しいのです。

例えば、今までの生き方ではできなかったことでまだやりたいことがたくさんある、行ってみたい所がある、会ってみたい人がいるなどの自分の挑戦や興味などを存分にイメージしてほしいのです。

前向きに考える癖をつけておくことは、これから始まる人生の後半に向けてあなたにとっての第一歩となり、成功イメージがとても良い癖として身についてきます。

私は現在六六歳で定年後五年が経っています。実は私も定年前には定年後の生活のことなどは全く考えませんでした。何とかなるであろうとずっと思っていました。とにかく毎日忙しい日々を暮らしていて、空いている時間は身体と頭を休めることで一杯でしたので、五〇歳から人生の後半を考えることなどは、全く頭にもありませんでした。

働き方の問題もあったのでしょうが、今思うとその時から少しずつでも準備をしておけば、今の考え方や生き方ができるのに五年は早く到達していたのではないかと考えています。

定年後の収入はどうする？

人生の後半に向けてあなたの姿がイメージできても、先立つものがなくては実現できません。

具体的な定年後のお金の話は後述しますが、ここでは**五〇歳になった段階で考える優先順位として、やはりお金のことを考えておかなければならないということです。**

どなたであっても生活していく上においては生活費が必要ですし、あなただけではなく配偶者の生活、場合によっては子供たちの生活もまだ影響するかもしれません。

さらには、今までの負債やローンがあればその状況も意識しますし、今の生活から考えられる様々な支出を大まかでも捉えておきたいところです。

そして何よりも重要なのは収入をどのように保つことができるかです。

人生の後半でもどこからか年金以外に毎月収入が得られるのであれば最高ですが、会社を定年退職してしまうことで毎月の収入が絶たれることになります。そこで毎月の支出に対してどの程度の毎月の収入が必要なのかを考えなくてはなりません。こればかりは「何とかなる」とはいかないものです。

もちろん退職金や年金なども考えられますが、やはり安定的に収支のバランスを保っていくためには、定年後であっても自分で得る収入を考えたいものです。

有り余るほどの収入を得ることを考えるのではなく、自分自身と家族の人生の後半を豊かに過ごすことができて、しかも気持ちに余裕を持って生きることができる程度の収支のバランスを保つことができれば最高だと思います。

とにかく健康であることを目標にする

人間は寿命があり、最終的にはだれでも必ずその命がなくなるわけです。できる限り健康でありたいのは誰でも持っている強い願望であり、今盛んに話題になる健康寿命という言葉が物語っています。

人生の後半は、とにかく健康であることが次の目標です。

五〇歳になったばかりのあなたには少しばかり意識しづらい優先順位かもしれませんが、これからあなたの周りでは多くの同年齢の人やあなたに近しい人が、病気になる話をたくさん聞くことになります。

それでも不思議と「自分は大丈夫」などと思いがちで、普段の生活習慣でも、仕事でも、ついつい無理や誘惑に負けてしまうことも考えられます。

五〇歳になったからというわけではなく、本来は生きている限り年齢に関係なく常にこの健康というものは考えていなくてはならないのですが、いつの間にか優先順位が下の方になってしまう人が多いのも現実です。

従って五〇歳になったのですから、これを機にこれからは今まで以上にあえて優先順位を上げて健康について考えてみましょう。

まだ現役会社員であるあなたにはいささか難しいところもあるかもしれませんが、例えば徐々に付き合いの回数を減らしたり、いつもは必ず二次会へ繰り出すことが多い人でも早めにお開きにする術を覚えるなどをした方が良いでしょう。

健康な体には健全な心も宿りますし、健康であることで何らかの仕事や活動も可能になってきますので、豊かな体や心を保つことで良い人生が送れることになります。

また健康であると同時に自分のエネルギーの出方も確認しておくとよいかもしれません。自分はどのような状況で最もエネルギーを発揮できるのか、周囲に対してもエネルギーを感じさせることができるのかは、影響力を発揮する年齢であればあるほど、伸ばしたい能力でもあるはずです。

生きているエネルギーを感じる人の周りには、良い縁が多く集まってくるといわれています。

今の自分を受け入れる

これからの一〇年間をどのように過ごすかを考えるにあたって大事なことは、今の自分を受け入れることです。
こんな言葉があります
「これまで」が「これから」を決めるのではなく「これから」が「これまで」を決める

（理論物理学者・佐治靖夫氏）。

例えば「これまで」が会社で大成功していても「これから」が惨めであれば寂しい人生になってしまいます。しかし会社の中では目立ったことができずに、出世街道からも早くにはずれた「これまで」であっても、定年後にコミュニティやボランティア、或いは今までの自分ではできなかった活動や仕事などで自分自身を輝かせ、多くの人のため、地域のため日本のために動くことができる。そんな「これから」は、あなたの「これまで」をも輝かせてくれます。

このように会社人生が終わって訪れる後半戦を輝かせる可能性を、五〇歳になったあなたは持っているわけです。

なぜいま考えなければならないのか。

それはあなたにとってのこれからの一〇年間は、人生の後半を本当の黄金期にするための一〇年間だからなのです。

しかも一〇年後の目標、その間の一〇年間の計画やその時その時に判断すべきこと、判断するための材料まで、できる限り具体的に考えて欲しいと思います。

あと半分の人生で何を残せるか

この一〇年の間に、イメージした六〇歳以降の姿を形付けるための準備に費やすことになります。

また五〇歳を機に今一度、自分の人生をしっかりと考えるきっかけにし、皆さんがあと半分の人生で将来に何を残せるかを考えて欲しいと思います。それはいままでの経験からでも構いませんし、これから取り組むことでも構いません。

あと半分の人生、何かしらの行動を起こしていただきたいのです。そこからあなたが残せるものが見えてきて、きっと生きる力が湧いてくるでしょう。あなたを待っている人やあなたに期待している人がいます。

是非前向きに**「何かをする」**、**「何かを残す」ことを考えてみて下さい。**

漠然と「何か」と言ってしまいましたが、今のあなたが目標にできることでいえば「自分の生き方」や「自分の経験」をできる限り多くの人に伝えて、それらを後世に残すことも考えられます。そして伝える方法としては、組織内で良い人材を自分流で育て上げたり、著書を書いて多くの人に自分の考えを広めたり、セミナーや講演で自分の経験から人の役に立てるアドバイスをすることなどが考えられます。

それらのことを行っていくためにはこの一〇年間で何をすればよいのかを考え、行動すれば良いのです。

今の自分そのままを開始点にすればいい

一つ言っておきたいことは、「これまで」のあなたを決して自己否定してはいけないということです。まずは今までの人生、今の自分をすべて受け入れて下さい。今のあなたがあるのは「いままで」のあなたがいたからです。「いままで」頑張ってきた結果が今のあなたを作っています。

時々こんなことを考えませんか、「あの時もっと勉強しておけばよかった」とか「もう一度二〇代をやり直したい」と。しかしそれは、その時のあなたがその時に最善の判断と信じて選択したのですから、結果として今のあなたがいるのであって、その時に別の行動、判断をしていたら今のあなたはいないことになります。従ってまず自分を受け入れて、そこを起点としてこれからどうしようかを考えることです。

これは、今の自分をそのまま開始点にすればよいわけですから、何か特別なことをしなければいけないとか、何か人と違うことを身に付けなければいけないということではありません。

自分自身の「いままで」を受け入れて、今の自分に自信を持ってスタート台に立つことで、新しい人生の後半戦に向けた準備期間に入ることができるのです。

そこから見えてくる景色は今までとは少し違ってくるでしょう、今までよりは少し客観的にこれからの人生を見ることができる自分がいるからです。

新しい世界観で次のステップに進みましょう。これからの将来はあなた次第でどのようにでも良い状況が作りだせるのです。

家族との関係をさらに強いものにすることが大事

人生の後半戦に入るときには自分ひとりで戦っていくのは厳しい現実が待っていると思います。そのために今まで以上に家族との関係を大事にし、強い絆を確かめながら生きていきたいものです。もし独身の方がいらっしゃいましたら是非、五〇歳を機に積極的にパートナー探しをすることをおすすめします。

肉親や親族との関係、また家族をお持ちであれば配偶者、或いは子供との関係をさらに強いものにしておくことはあなたの人生にとってかけがえのない力となります。

特に年齢を重ねていくことによって、さまざまな助けを必要とする場合が出てきますので、病気になった時ばかりではなく、自分がこれから取り組もうとしている活動への助言や手伝い、場合によっては資金援助もあるかもしれません。

家族は同志であると思っています。共に笑い、共に苦しみ、共に成長もする仲間でもあります。**もう一段引き上げるためには、お互いに今まで以上に相手を敬い、相手の立場を考えることで恒常的に関係性がアップしていきます。**

具体的には自分勝手な行動や言動ではなく、家族とともに考え、結論を出すことに気を付ければ十分に対応が可能です。そんなことは面倒くさいとか、時間がかかるからやってられないなどと考えること自体で間違った方向に行ってしまいます。時間がかかっても、結果的にあなたが結論を出す場合でも、まずは相手の気持ちを確認したり、助言を求めてみたりしてはいかがでしょうか。

家族との関係が良い状態を保っていられると、家庭にいることで心地よい空間や時間が感じられ、精神的な余裕にもなりますし、仕事の上にも良い影響を与えることになります。私は定年後に起業してからというもの、家族との時間をとても大事にしています。今まで以上に話す時間がありますので、毎日たくさんの話題で会話を楽しみ、共に喜び、共に議論したり、憂いたり、行き方や考え方を確認したり、とにかく話すことが多くなりました。また共同作業にも関わるようになり、積極的に家事を手伝うことも始め、今では自然に体が動き炊事や掃除などもこなしています。これまた自分自身の体にも良い影響を与えてくれていますので、皆さんにもおすすめです。

このように家族との関係をさらに深く、強くしておくことは人生をこれからを共に歩くために必要なひとつのステップであると思っています。

あまり真剣に「家族との関係を向上させることを目標にする」などと肩ひじ張らずに、軽い気持ちで始めると自然にそちらの方向へ向かっていくと思います。

第二章

組織の中で活きる自分か、組織の中では活きない自分か

自分を輝かせるためのプライドの持ち方と捨て方

「自分の仕事にプライドを持って働きましょう」と言われ続けて来た人が周りにはとても多いことに気付きます。私もそのひとりなのです。

これはとても良いことで、プライドを持つことでモチベーションにもつながります。結果としてプロフェッショナリズムやプライドがあるから変な仕事はできないということにもなり、仕事の成果や品質が高いアウトプットとして出てくることになります。

このようにプライドが良い方に働く場合には好ましい傾向で本人も輝くことになるのですが、残念ながらこのプライドがもとで、全く逆のケースに遭遇することが少なくありません。

最近は「役職定年制」といわれる制度を採用している企業が多く見られます。これは、ある一定の年齢（企業によって多少の差はあるが五五歳から五七歳の年齢）になると役職から外れ、基本的にはある設定年齢以上の人が管理職（役職）でいることが無くなり、この人事制度により組織内の新陳代謝を促し、人件費コストの削減が狙いです。

この制度の対象となると当然ですが昇格することは無くなり、従来の責任ある役職からも外され肩書きも変わり、管理職からも外され専門職へ移ります。

言葉は悪いですが、言うなれば定年退職待機組へ入ることを言います。この状況であってもそれを受け入れ、その状況の中で最善の形で定年まで過ごすことを考えられるプライドの持ち方ならば素晴らしいのですが、どうしても今までとは違うそのような閑職に自分のプライドが邪魔して、その状況をひがんでしまったり、うらんでしまったり、怒ってしまったりしてしまう場合があります。

そんな精神状態では仕事に良い影響がでるはずもありませんし、ましてや家族や同僚に当たり散らしていたら、どうしても考え方や生き方が後ろ向きになってしまいかねません。

また「選択定年制度」や「早期退職推奨制度」などで、会社からそのような募集を行う決定がされると、自分で会社を去る時期を決められる企業も最近では多くなってきました。

企業としては、人件費を抑制するためのひとつの施策ではあるのですが、会社を去ると決めた本人がその会社内での職責プライドを捨てきれずに再就職の壁を打ち破れなかったという話は多く聞かれます。

そのような方には、**まずは謙虚になること、そして自分の生き方に対するプライドはいつでも新たに持つことができますし、今までの自分の仕事に対するプライドは大いに持つことをおすすめします。**

しかし、自分がいた役職や待遇、有名企業、組織のブランドや地位に関するプライドはいち早くさっさと捨てた方がこれからの後半の人生には有効的であるということです。

プライドの捨て方はとても簡単

先日あるパーティに行った時に目にした光景で、他のパーティでも時折遭遇する光景なのですが、とても品のある凛とした紳士が、ずっとおひとりでいらっしゃるので話しかけました。するとその紳士はある大企業の本部長だった方で定年退職され、紹介された中堅企業の顧問として第二の会社人生を歩いているということでした。

とても寂しそうにしておられたのでお話を聞くと、その中に「以前の会社では」という枕詞が何度も出てきていました。

例えば、「以前の会社の時には、このようなパーティではたくさんの方が挨拶に来られて行列を作っていました」とか、「以前の会社では子会社の役員もしていたので名刺も三枚持っていました」とか、やはりプライドが捨てきれていないのだなと感じた次第でした。すべての地位の高い方がそうだとは言い切れませんが、周りには多くの同じような方がいますので、簡単に一度手にいれた感覚というのは捨てられないのかとも思います。

しかし、このようなプライドは持っていて何の意味もなく、むしろ相手からすると自慢にしか聞こえない種類の会話になってしまい、人格そのものを疑問視されてしまいかねません。

ご本人にとっても、新しく顧問として雇った会社にしても、とても不幸せな人生の後半戦になってしまう恐れがあります。

これは企業に勤めていた方ばかりではなく、例えば学校の教師を退職なされた方が地域の中のコミュニティに参加したが、上から目線での物言いで周りから顰蹙《ひんしゅく》を買ったり、士業の方がマンションの住民総会などで偉そうな態度で参加していることに他の住民から嫌な顔をされたりという類の話は身の周りでよく聞きます。

これも自分の持っている（持っていた）プライドを捨てきれずに引きずってしまい、周りと上手く行かないというケースになります。


私の場合も定年退職後に、従来あった会社や組織の看板が無くなったことで寂しい想いをしたことがたくさんありました。

さすがにプライドを傷つけられたなどとは考えませんでしたが、会社勤めをしていた時に比べると思いもよらない扱いであったり、自分の経験すら無視しなければならないこともありました。

その時は多少ヘコみますが、それは受け入れなければならないことで、言うなれば自分が勝手に組織や会社の看板に見え隠れしていただけなのだと理解しました。

世の中の多くの人は会社名や肩書で他人のことを見ているのだと感じるときでした。

プライドの捨て方はとても簡単です。今の自分をそのまま見せることで捨てられます。

ですから無理に過去の自分を出したり、身についてしまった職業的な物言いを出したりせずに自分のありのままの自然体で構わないのです。

実はそれが一番難しいと話す方もいますが、切り替える訓練は必要ですし、退職などで自分の社内での高い地位が関係なくなった人は、積極的に過去の地位のプライドは捨て去るべきです。

いつまでもしがみついていても何も良いことはおきません。

いち早く気持ちを切り替えて捨て去ることで、心の平安が必ず訪れます。

この時期に組織というものを客観的に見られる能力を養っておく

組織とは、あなたにとってどのようなことをしてくれましたか？　または組織とはあなたにとってどのような存在でしたか？　このような質問はあまりされたことがないと思います。

しかしこれから一〇年後にはこの組織を離れることを意識しておかないと、その場面になった段階で信じられない位に心理的に弱くなってしまうことがあります。

組織から離れることが無性に惨めになり寂しくなるものです。そういった落ち込みをなくすためにも、この時期に組織というものを客観的に見ることができる能力を養っておくことによって、後でとても役に立つことがわかります。

ここでは組織があなたにもたらすものを整理しておきましょう。まずは、大きな企業の場合にはステータスがあります。

これは他人の目から見た場合の評価になるのですが、「あの大企業にお勤めですか」などと、有名な企業に勤めているというだけであなたを見る目が違ってきたりします。

時には金融機関からの融資や保証人として社会的信用度が高いものになるのかもしれません。これがあなたにとって良い所なのか悪い所なのかはその時の状況によって違ってくるかもしれませんが、過去を振り返った時には良かったと思えたり、優越感に浸ることぐらいなのではないでしょうか。

それも組織という集合体のことではなくて、あくまでもその固有の企業を対象としているのでここでは少し論点が違ってきます。

それでは組織とはあなたが働く上で無くてはならないのか、無くても働けるのかの視点で考えてみましょう。

この本をお読みの五〇歳のあなたの今の仕事は組織があるから成り立っている場合がほとんどだと思います。今従事している仕事がとても好きで充実感ややる気が満ちている人は、組織がもたらす恩恵を受けているといって良いでしょう。

反対に別の仕事が自分には向いているが、組織の事情でその仕事はできずに違う仕事をしているとした場合には、組織はあなたにとって不利に働いているということになります。ではその仕事を組織の中で変えることができるかというと、なかなか難しいのが実情です。希望する仕事を割り当てていたら組織自体が成り立たなくなる恐れがあるからです。

例えば自分には営業の仕事が向いていて、「自分もモチベーションがみなぎる仕事はお客さまと話している時」という人であっても、組織の中で実際に働いているのは総務部門や経理部門であるケースは大企業になればなるほど多く、仕事のアンマッチになります。

この場合には当然ですが、組織に自分を合わせて働き、チャンスが来れば希望を出して自分のやりたい仕事へ移動することになりますが、これもなかなか簡単には行かないのが組織です。

それでも会社のためと考え、自分の実力をアンマッチの仕事でどのように発揮するのか、開き直りや諦めで、言われたこと決められたことをこなす毎日で、結果的に満足しない日々を送るかになります。

一方、自分のやりたい仕事や職場にいながらでも、組織の中であるが故の仕事に影響されて自分の仕事ができない場合もあります。上位の役職になればなるほど、自分の本来の仕事ができなくなるのも組織です。例えばシステム・エンジニアが管理職になったからといって社員の労務管理や人事査定、さらにはシステムに関係のない組織上の諸会議に出なくてはならない時間は、自分のためになるのでしょうか？

ならないとしても、会社のためにそれらの会議には出席しなければなりません。いささか疑問が湧いてくるところです。

一方、二〇一七年五月二八日の日本経済新聞の記事によると、米国ギャラップ社が世界各国の企業を対象にした従業員のエンゲージメント（仕事への熱意度）調査によると、日本は「熱意あふれる社員」の割合が六％しかいないことがわかったようです。

米国の三二％と比べると大幅に低く、調査した一三九カ国中一三二位と最下位クラスでした。さらに企業内にいる「やる気のない社員」は七〇％に達しているとのことです。

原因は上司との関係や自分のやりたい仕事ができていない表れだと思います。このような状況では良い仕事はできないのは目に見えています。これらも組織がもたらす弊害なのかもしれません。

あなたが過ごしてきた約三〇年の間に、この組織の中での関係を上手く対応ができていて、組織の中であるからこそ自分の能力が発揮できる人と、組織の中ではなかなか自分の実力が発揮できない人が出てくるのは当然だと思います。

ただし、**あなたが属している組織は未来永劫ではなく、何時かは去らなければならないこと、そして組織とはそれぞれ個々固有の姿を持っていることを理解しておいて下さい。**

いま自分のやりたいことができているか、どうしたらできるのかを考える

子供の頃を思い出して見て下さい。何か楽しいことに夢中になっていると、時間の経つのを忘れる経験はどなたでもあるでしょう。

これは別に大人になっても一緒で、今でもテレビや映画、コンサートなどのエンターテイメントはもちろん、飲み会や会合、セミナー、旅行なども夢中になる、面白い、楽しい時間は瞬く間に過ぎていくものです。

ではあなたがしている仕事はいかがでしょうか？　確かに子供の頃と比べると一年の時が経つのはとても速く感じられますが、仕事の場合はあまり時間の経つ速さは感じない場合が多いと思います。

ただし、あまりにも仕事が立て込んでいて、全く上手く回らない状況ですと、楽しくないのに時間だけがやけに無くなっていくことはあるでしょう。

これが自分の本当に希望している仕事をしている場合にはどうでしょうか？

私の場合には会社員時代は、プロジェクト・マネジメントの仕事に関しては、楽しくて夢中になり、あっという間に時間が経ってしまう、ただし、しっかりと成果も出ている。このような感覚を持てている時には、自分自身が最高のモチベーションで振舞うことができている自信がありました。

また今現在ではセミナー研修などの仕事や書籍の原稿書きに没頭していると、時間の経つのを忘れて集中でき、成果も間違いなくどんどん上がっていると感じられ、自分自身の能力が十分に発揮できているという感覚があります。この瞬間に思うことはこれこそが自分のやりたい仕事だということです。


今のあなたがしている仕事が、本当にあなたが「やりたい仕事」なのか、「やらなくてはならない仕事」なのかで大違いです。

自分自身に何度も問いかけて自分のやりたいことができているか、どうしたらできるのかを考えてみて下さい。

理想ではあるのですが、その時その時の組織の状況によって「やらなくてはならない仕事」をせざるを得ない場合でも、その仕事を自分の「やりたい仕事」にするための努力はすることが肝要です。

組織の中にいて人と比較することで、なぜストレスをためてしまうか

皆さんには一緒に会社に入った同期と言われる方がいると思います。大きい会社では数百人の同期がいる会社もあるようです。

五〇歳になった今その中で何人の同期が残っていますか？　この年齢になると周りの同期の動向がとても気になってくると思います。

最近は年功序列も少なくなり、中途採用も多くなっていますので、あまり同期の間でも出世競争という波は無い会社もあるかもしれませんが、どの企業やお役所でもこの「出世」ということを意識しない人はいないと言っても良いと思います。

ではなぜ人は出世、すなわち偉くなりたいのか？　やはりお金を多くもらえるからでし

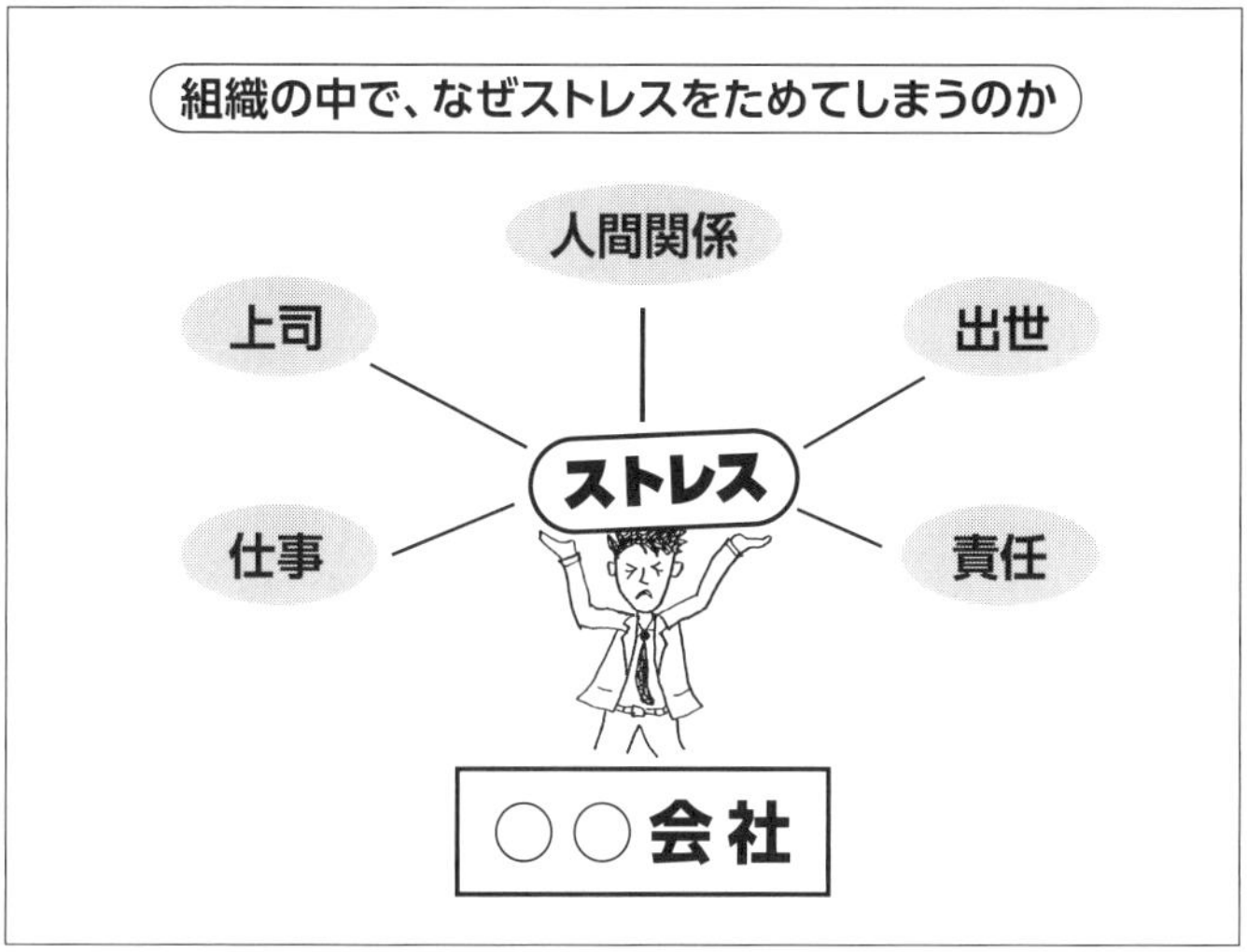

ょうか、或いは大きな権力を得られるからでしょうか。

組織の中での大きな権力とは、自分の思うように会社や事業を動かしたいと思う人もいれば、多くの人を部下に持つことによってじぶんの欲求を満たしたいからでしょうか。

それは出世して偉くならなければできないことなのでしょうか？　私はそうは思いませんでした。

会社にいる時にはとにかく良い仕事をしたいと思っていましたし、それが社会のためになると真剣に考えていました。

そこにお金が欲しいからとか偉くなりたいから、人を動かしたいからという考えはありませんでした。

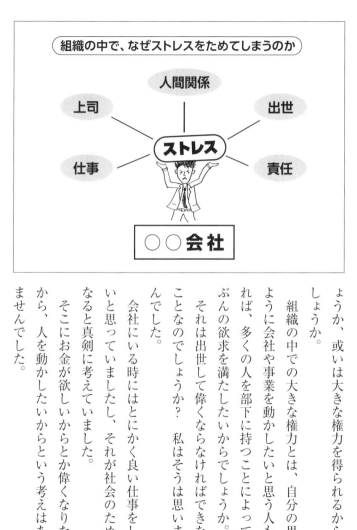

とにかく会社を良い方向へ改革したいとの思いが強く、そのためには社内で意見の通しやすい、最高経営者との面談も多い上位職に就く必要がありました。

時には積極的に上層部との情報交換などを行った時期もありました。これは後で考えると周りからは出世を望んでの動きと捉えられていたようでした。

今となっては良い思い出ですが、自分自身では少々反省した時期でもありました。

何のために仕事をするか考えよう

それでも五〇歳を過ぎると一緒に入った同期の動向はとても気になりました。

通常会社は、経営職人事は一年に一回、春の株主総会の前に、定期昇給と定期人事異動が秋の一〇月一日付が多いと思いますが、特に経営職で役員を目指す部長職やそれ以上の方々は、年が明けると早速様々なアピールを開始しているようです。

やたらに新聞発表やマスメディアへのリリースが多くなったり、新しい商品発表の記者会見があったりと、社内外に存在をアピールする目的もあります。

また必要以上に個別の役員との飲み会などもこのころに多く開かれ、次期社長候補や役員候補の名前がまことしやかに囁かれる時期です。

そこでどうしても同期との比較や他部門の同じポジションの人々の動向がとても気になる次期です。少しでも自分の方が上に行っている、出世が早いだけで優越感に浸っている人もたくさん見ました。

本当に一時的なことにとてもストレスを溜めてしまうことがあります。

もう一度考えてみて下さい。皆さんは何のために仕事をするのでしょうか。

大きな組織の中にいると自分が偉くなるために仕事をしている人がとても多いことに気がつきます。偉くなって何をしたいのでしょうか。

もっと周りの人が喜ぶ仕事、社会が良くなる仕事、そして自分も満足する仕事にしてはいかがでしょうか。

そこには、自分と人との比較は全く無いと思います。人と比較することの愚かさがお分かりになると思います。

自分の働くモチベーションは「お金」なのか「やりがい」なのか

三〇代の頃の私は、生活のため、お金のため、家族を養うために働いていたと感じています。あまり出世のことも考えていませんでした。

しかし五〇歳になってからは自分の仕事を、生活するお金を生むためというよりも「やりがい」を求めるために変わってきました。

もちろん、結果としてお金はいただきますので、決してお金がいらないわけではありません。

ベストは後工程の人や最終ユーザーに喜んでもらえる仕事を目指すこと、そのために自分の能力を一〇〇%使い切り仕事を楽しむこと、そして結果として報酬を得られることが会社という組織の中でできるかどうかです。

それが最後まで自分の仕事の内容よりも出世であったり、お金であったりする人は、仕事に関しては自分の能力を発揮する喜びも特に感じず仕事をこなすのでしょう。

ただし成果物がいい加減では周りの人は喜びませんから、お金ももらえずに評価も下がることになります。

お金や出世を一番に考えている人であって、嫌な仕事であっても仕事の質は落とさないようにする。即ち、自分がその仕事にどのように取り組むかだけが大きな違いになるところです。

やりがいの無い仕事で良い結果が出るものなのでしょうか？　それにはどこかに無理が生じると思います。やはり、働くことは自分のやりがいのために働くことが良い結果を生むことになります

熱意を持って働けることはとても有難いことであり、やりがいがあるからこそ熱意を持って働けるということになります。

本当の意味でやりがいを感じて働いている人が多い組織では、間違いなく良い成果が出てきますので、お客様満足度も高く間違いなく良い数字を残せることになります。

結局、企業としてもやりがいのある社員を多く使えることが、その企業の業績にも社会的責任にも大きく関わってくることになります、ここの所が日本企業ではあまり力を入れ

ていない部分ではないかと感じています。

理屈や理論では理解していても、実際にはギャラップ社の調査のように七〇%の社員がやる気がない社員になってしまう現実なのです。

今までのプライドは捨てて、人生の後半で新たなプライドづくりをする

以上ご説明してきたとおり、組織の中で働いてきたことによりその組織人としてのプライドは定年と共に忘れ去ることが良いですし、今までの自分の仕事ぶりに由来するプライドも早く捨て去った方が良いでしょう。

ただし、自分が生きているプライドはあなたのベースとなり持ち続けることになり、そのベースプライドの上に新たなあなたの人生プライドが積み上がっていくことになります。

ここで言うプライドとは決して相手に対して自慢や自尊のように驕り高ぶるのではなく、あくまでも自分自身での誇りであり人に対する態度や振る舞いは謙虚であるべきでしょう。

六〇歳を過ぎてからビジネスでもプライベートでもたくさんの挑戦をして、その中で新しい友人、知人をたくさん作り、自分自身の豊かさを追求していくことで新しいあなた自身のプライドが積み上がっていくと思います。

それは自信にもつながりますし、人には真似できない人間の度量にもなり、どんどん積み上がっていくものだと思われます。

人生の後半を目指す姿はあくまでも人に対しては謙虚に、自分には自信を持って新しいことに挑戦する姿が、戦いを有利に進めることになります。

第三章

「個人事業」「ひとり会社」の提案

好きな場所で好きな仕事を好きな時間にする

「個人事業」の面白さも味わってほしい

今まで組織の利点や欠点をあげてきましたが、私としては「個人事業」の面白さも味わっていただきたいと思います。

必ずそうすべきだというよりも、一〇年の間にじっくり考えていただくためのひとつの将来の選択肢として「個人事業」「ひとりの会社」の実態をお話しします。

これは必ずしも会社を起業すべきということではなくて、組織とは違った働き方に個人事業という道があることを五〇歳のあなたに是非とも理解していただきたいと思っています。

組織の中では不本意ながら、自分のやりたい仕事ではなくても社命により配属されることにより、周りの人に迷惑がかからないように仕事を進め、その上で品質の良い仕事や良い結果を出す努力は大変なことです。

それとは反対に会社の中で自分にとって楽しく、誰にも文句は言われずに、好きなことをやって働けるのであればそれに越したことはありません。

しかしそのような会社はほとんどと言って良いほど存在することはないでしょう。

それが組織を離れることによって、自分の得意とする仕事ややりがいのある仕事ができる環境に自分をおくことを考えて見て下さい。

そう考えることのよって意外とハードルは低くなるものです。

「好きな場所で好きな仕事を好きな時間にする」そのような生活です。

コンサルティングという仕事は間違いなく永年会社勤めをしてこられた皆さんであれば、ご自分の経験を生かしてすぐにでも始められる仕事です。

もちろん組織ではなくてあなたの個人事業ですから、すべての責任は自分にあります。従ってできない仕事はしない選択になります。

もうひとつとても大事なことは、ここでは**お金が全てではなくまずはお客様のため、そして自分のために仕事をして、その成果や結果として報酬をいただくことを理解します。**

もう少し具体的にお話ししますと、あくまでも個人事業としての仕事ですから、それを法人格にするか個人事業主としてするかは選択です。

従って社員はあなたひとりです。最初から社員を雇うなどと考えてしまうと、大変なストレスにつながってしまい、せっかく自分の仕事環境や人間関係を今までとは違う新しい環境で構築しようとしている流れができなくなりますので、**まずはひとりでの活動をおすすめします。**

さてどのように何をするかですが、あなたの培ってきた会社人生の中の経験や知見から**あなたが周りにできるアドバイスやヒントを、その内容で困っている顧客である企業や個人に提供する仕事です。**

最初は存在を知っていただくことがとても大変です。**あなたの経験をホームページやさまざまなメディアを通じてお客様の目に留めるように作ります。**

或いは時にはセミナーなどに参加して自分の仕事をアピールすることも必要です。それでも実績がないわけですから、あなたの人となりを説明するところから入ることになるでしょう。

あくまでもお客様からのリクエストベースで仕事が始められることができれば仕事になる確率は上がります。

なぜ積極的に宣伝しないかというと、あなたの品質であなたのキャパシティで仕事をする必要があるので、あくまでも最初はひとりでできる範囲の仕事にしなければならないからです。

そのためには口コミが最も良い方法です。当然ですが、**最初から多額の料金をいただこうなどとは間違っても考えてはいけません。**

時には無料コンサルや交通費だけの講演などもしなくてはならないかもしれません。

六一歳で始めたコンサルティング会社、次から次へ新しい仕事をいただける喜び

私の場合は六一歳でコンサルティング会社を起業し、そこでは得意である物流、ＩＴ（情報システム）、資格を活かしたプロジェクト・マネジメントの支援、そして海外での経

験を活かしたグローバル経営などのコンサルティング会社でした。

しかしながら、実際に始めてみると多くのお客様から、企業人として定年まで働いた経験談や人材育成、リーダーシップやコミュニケーションなどのセミナー、講演の話もたくさんお声がけをいただくようになり、その延長としてこのように書籍も出版するチャンスまでいただくようになりました。

今でも、ひとり会社として活動をしているのですが、次から次へと新しい仕事をいただける喜びとそれにこたえる努力、さらに広がるネットワークを大切にして個人事業をしています。

ずっと組織の中で働いてきたあなたには、このようにひとりで活動することや個人の責任で仕事をすることは全く初体験にはなると思うのですが、挑戦のしがいのある仕事だと思います。

今はまだ自信が無くても、ここでご説明したようにコンサルティングの仕事を一〇年後の自分の仕事、姿とイメージし、いろいろな目標設定をしていただきたいと思います。そしてこれからの一〇年間を、今までの経験の最終章が将来につながることとなるように過ごすことが大事になるのです。

会社員生活の三〇年間、苦しいことの方が多かったのでは

五〇歳になったあなたは学校卒業から約三〇年間どのような心境で働き続けて来たのでしょうか？

今から三〇年前、一九八八年（昭和六三年）は、青函トンネルや瀬戸大橋が開通し、東北、上越新幹線が開業した年で世の中のスピードアップ化がさらに加速してきた年でした。六本木では、ディスコの天井が落下する事故が起きたり、栄養ドリンク「リゲイン」が発売され「二四時間戦えますか」のキャッチコピーが流行しました。このようにまだまだバブル期にあり、これからさらに右肩が上がる期待が高まっていた年でもありました。

そのような年の皆さんの入社時と言えば、今思い出してみると入社式が終わり、同期数十人と一緒に二週間の入社研修では、総務部教育担当から何年も使い古したような研修プログラムのもと、会社の生い立ちから概要、組織から現行の経営計画に至るまで、座学を

一週間とグループワークや職場研修に至るまで二週間の研修で全てわかったような顔をして各職場に配属されたこと、それからの三年間は職場の「指導役」と言われる先輩についで必死になり、仕事を覚えた毎日だったでしょう。

それから年が経つに従って転勤も数回あり、その間に主任、係長と順調に役職も上がって行き、いよいよ課長職を前に、今まで全員が同時期に昇格していた入社同期組にも昇格の差が見え始め、何となく会社組織にいることの理不尽さ、厳しさと隣り合わせで働き続けなければいけない状況が作られます。

それからと言うものの、結婚して子供ができると生活にかかるお金は独身時代とは比べ物にならないほど大変になり、毎月の収入が確保できている環境は絶対的なものになっていました。

そのような環境下では「仕事を変える」とか「やりたい仕事」という自分自身の要求よりも毎月の定期収入が一番の条件となっていたわけです。

そこからは、生活も落ち着いてくると同時に再度「自分の仕事」を考え出すのですが、今の自分の置かれている社内での状況では、自分の希望は言い出せない状況にもなっている現実がありました。

そのような葛藤を乗り越えて働き続けて来たのですが、それ以外にも楽しい仕事、辛い仕事など様々な経験をした三〇年でした。

この会社員生活の三〇年間は、今思うとあっという間に過ぎ去ったと思います。あなたにとっての三〇年間は、楽しいだけであればきっと、もっともっと働きたいと思うと思うでしょう。しかし仕事のことと限定すると、残念ながら苦しい時の方が多かったと思います。

そこに出てくる感情は、やはりもう十分に働いたので少し休みたいと思うことの方が多いのではないでしょうか。

再雇用の道も、もちろんありますが

「三〇年間十分働いた」、「今の仕事ではストレスを溜めながら、山のような苦労もしてきたのだから、少し休みたい」という感情は誰でも持つものです。

そのような気持ちから、これからの人生の後半をどのように過ごすかということを考えた時に、ずっと休んでいるだけで本当に楽しい人生の後半がおくれるのかと自問自答すると、やはりどなたでも答えは「No」だと思います。でも少し休みたい、ですよね。

ではどうしたら休みながらでも働くことができるのか、そしてこれからも働くのであれば、どうしたら、今までの三〇年以上働いた自分の経験以上の喜びを発見することができるのでしょうか。


再雇用の道ももちろんありますが、それを選ぶかどうかはあなた次第になります。再雇用を企業に望もうとしている方には少々厳しい記事が、二〇一八年六月一日付の日本経済新聞（電子版）に出ていました。

「正社員と非正規社員の待遇格差を巡る二件の訴訟の上告審判決で、最高裁第二小法廷（山本庸幸裁判長）は一日、定年退職後の再雇用などで待遇に差が出ること自体は不合理ではないと判断した」という内容でした。これは簡単にしますと、六〇歳を超えて再雇用の道を選んだ人が今までと全く同じ労働条件、内容で従事しても、今まで貰っていた賃金と

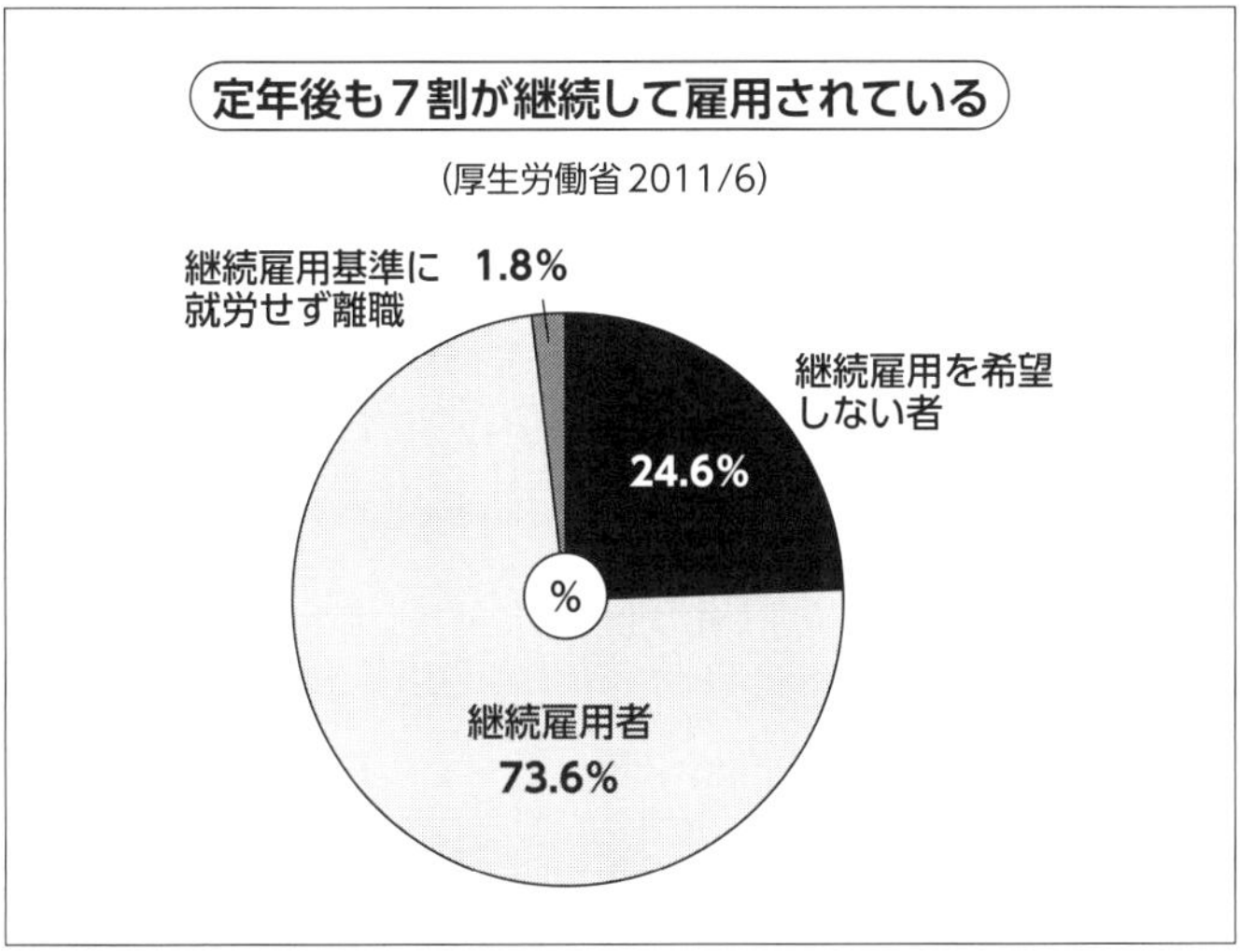

の格差があっても、構わないということです。

これでは働き続けることで喜びを感じることはできないと思いますし、むしろ納得のいかない毎日で仕事のモチベーション、或いはパフォーマンスにまで大きな影響を及ぼすことになります。

再雇用をするにしても新しい自分を発見する形で働くことができるのが望ましいと思います。同じ会社の中でもまったく違う分野で働くこともできると思います。

しかし、そこでは新入社員と同じように新しい仕事の勉強から始まるわけですから、今までいただいていた報酬通りには貰えないのは納得の上になります。

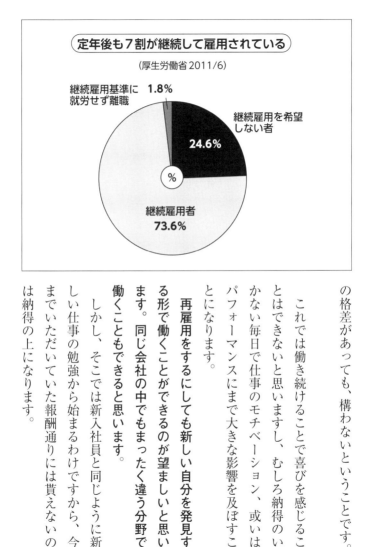

定年後は「休みたい」から「働く」ことへ考えを切り変えて下さい

前章で述べましたように、その会社での前の役職や自分自身の仕事の仕方に、プライドを持ち続けている方は、とても勤まらないと思います。

もちろん、全て承知の上で再雇用、同じ仕事を賃金が下がっても続けたいという方はその仕事にやりがいを持っていて、働く喜びをすでにお持ちの方ではないかと考えると、その選択肢も充分あると思いますので否定することではありません。

新しい環境で新しい自分を発見し、新鮮な気持ちで「働く」ことをもう一度見直して、喜びを感じることができる仕事に出会うかどうかが重要です。

そのための挑戦は自らが動いてたくさん実行することが、あなたの人生の後半の働く喜びと繋がっていくでしょう。

まず皆さんのお考えを定年後は「休みたい」という考えから「働く」ということへのマ

インドセットを切り変えて下さい。

ではどのような働き方がこれからのあなたの後半の人生を有意義に、そして輝くようにするかですが、今までお話してきました通り、組織の中で自分を消して押さえて働き続けるよりも、個人事業として挑戦する道を強くおすすめしたいと思います。

理由はとても簡単で自分の好きなことができるからです。

生きがいのある仕事、やりがいのある仕事が人間を輝かせ、時間を忘れさせ、そしてお客様も満足する、家族も満足する、そのような環境を作ることができるのは、ご自分で事業を始めることではないでしょうか？

人から与えられた環境で自分の能力を本当に一〇〇％発揮することはできないと思います。自分の能力、実力を一〇〇％発揮するには自分で環境を作るしか方法はありません。六〇歳以降も働き続けるのであれば、悔いのない人生の後半をイメージして「個人事業」「ひとり会社」を立ち上げることをおすすめします。

「コンサルティングの仕事」なら個人事業でも立ち上げやすい

ではどのような挑戦をすることができるかを考えてみましょう。恐らくこれをお読みになっている方の多くは「今さら挑戦なんて勘弁してほしい」と思っていると思います。

挑戦とは何も目的を持たずに、ただがむしゃらに挑戦するわけではなく、しっかりとしたビジョン、戦略を立てた上での挑戦であれば成功や喜びを見つける確率が大きく上がると思います。

しかも何度でも挑戦したくなること請け合いです

そんな美味しい話があるのかとお思いでしょう。先ほどご説明した通り、この段階では皆さんのマインドセットが今までの三〇年間とは違い、新しく「働く」ということについてリセットされていることが条件です。

経験や知見をリセットする必要はありませんが、ここで言っていることはあくまでも働き方です。

「コンサルティングの仕事」は、個人事業主やひとり会社には比較的安易に立ち上げられる職種だと思います。

何のコンサルティングを行うかというと、**あなたが今まで培った経験や知見をここでは十二分に活用できることになります。**

コンサルティングという職種は、個人事業立ち上げ時の約款に考えられる様々な業務内容を記載しておくことも可能です。

もちろんコンサルティングですから、お客様の要望に合わせていろいろな動きをしなくてはならないのですが、心配であれば個人事業立ち上げ時の約款に入れておくことをおすすめします。

時代のニーズに合わせたテーマでお客様が相談に来ることもあるかもしれません。

そういう時のためにも知見の新たな拡大は欠かすことはできません。

なぜならば、相談に乗ることによってお客様の問題や課題が解決できれば、それに合わせて報酬を得ることができるからです。もしそのような職種に興味がおありになるのであれば、定年後の目標、イメージとして思い浮かべておいて、これから定年までの一〇年間を、それに向かって動き出すことはいかがでしょうか。

個人事業を継続させる難しさはあるが、やりがいはずば抜けている

このようにコンサルティングの立ち上げをゴールイメージとして仮説を立てて、定年までの一〇年間の計画を進めていくと思うとかなり大変ではあるが、前向きな楽しそうな計画になると思います。

コンサルティングやアドバイザーの仕事は、これからの世の中にとても需要のある仕事であると確信しています。先ほども述べましたがコンサルティングと一言で言っても対象となるフィールドはとても広いので、単に相談者やアドバイザーだけでも自分の専門分野を増やせば増やすほど相談内容は幅広くなってきます。

本来の事業に特化したコンサルティング業務に加えて、さらに活動できる範囲を拡大するのであればセミナー講師や大学の講師、企業の社外取締役や監査役、各種イベント・コーディネータや視察コーディネータなども入りますので、さまざまなニーズに応えること

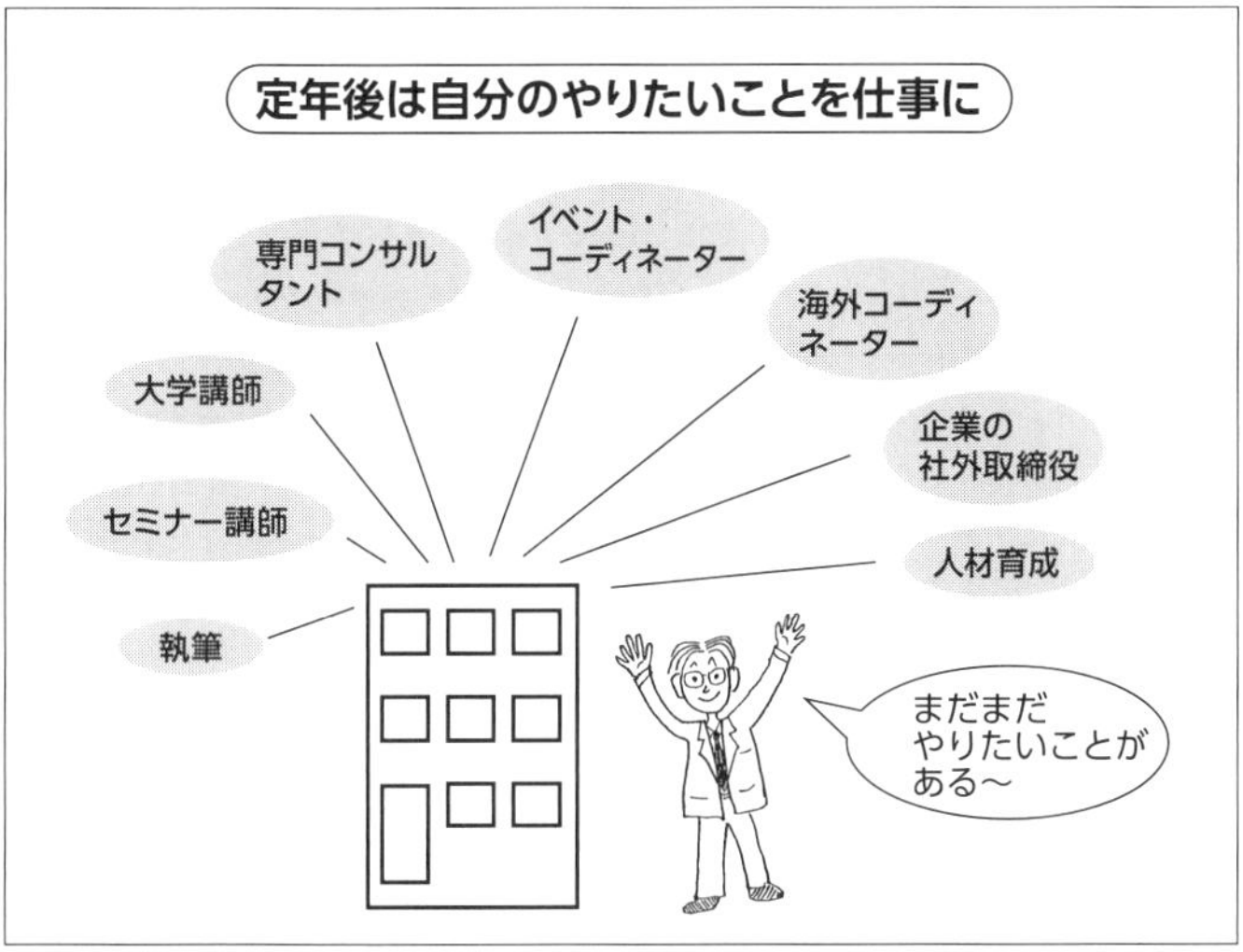

は可能です。

ただし、今までの経験から得意技といわれるものをベースに考えなくてはなりません。**いくら様々なことができる可能性があるといっても、まず得意技がないとプラットフォームが無い状態で業務範囲を拡大しても、お客様へ品質の高いサービスは提供できません。**

個人で仕事をしている以上だれも仕事のカバーをしてくれませんので、品質は常に自分の実力から現れると考えると、ひとつも手を抜くことはできません。

個人事業は簡単に始められますが、それを継続していくことの難しさは想像を絶するものがあります。

それがあるので個人事業は止められないかもしれませんし、**最終責任は全て自分が持つという、はっきりした最終判断者が決まっている単純さも個人事業の良いところだと思います。**

安易な考えではできませんが、やりがいはずば抜けているのは間違いありません。

「できることしか受注しない」を頭に置けばゆっくりしながら仕事ができる

さて自分の定年後にやりたい仕事のイメージはできましたので、今後は働き方についてお話ししましょう。

特にここではゆっくりしながら自分のやりたい仕事ができるということを説明します。

組織で働くことと個人で働く場合の働き方ですが、基本的にはひとりでお客様のニーズに応えるわけですから、できることしか受注してはいけないことを、しかと頭に置いておかなければなりません。

もちろんパートナーと一緒に仕事をすることはできますが、組織で働いていたようなリソースや予算（支払い）がたくさん伴うような仕事は絶対に受注すべきではありません。**身の丈を十分に理解しておくことです。**ここの部分を誤解してしまい、せっかく定年後に余裕を持って働きたかったのに、全く余裕のない毎日を過ごすことになってしまっては意味がありません。

余裕を持って働くことの最も大きな目的は自分品質です。だれも自分の仕事を助けてくれませんし、自分の経験や知見は人が使うことはできません。**自分の仕事の品質責任はすべて自分にかかってきます。**その分、自信を持ってお客様に提供することができることになります。

できないものは「できません」とお断りする勇気がとても大事なことになります。提供する自分のサービスに自信が無ければ、自信になるような力をそこからでも付けなければなりません。**まだあなたには定年まで若干ですが時間があるのですから、今からその自信がつくような努力は十分できますので心配には及びません。**

定年後は、少しゆっくりとしたいと話す現役会社員の方がたくさんいるということを書きましたが、今までご説明してきたような働き方であれば時間に余裕を持って、少しゆっくりと働くことができるのではないでしょうか。

ただし、お客様から仕事が入ってこなければ、ずっとゆっくりになってしまいますので、営業とまでは言わないまでも、仕事をいただく努力は当然ですが、しなければならないことは理解していただけると思います。

自分の時間を有効にできることが余裕のある人生になる

コンサルティングの仕事をしているとお客様との面談、調査のための外出や出張、講演会の講師などでスケジュールがかなり埋まってしまいます。

しかしながら、これも全て自分でマネージするスケジュールですから、都合が悪い時には予定を変えていただくなどの工夫が必要になります。

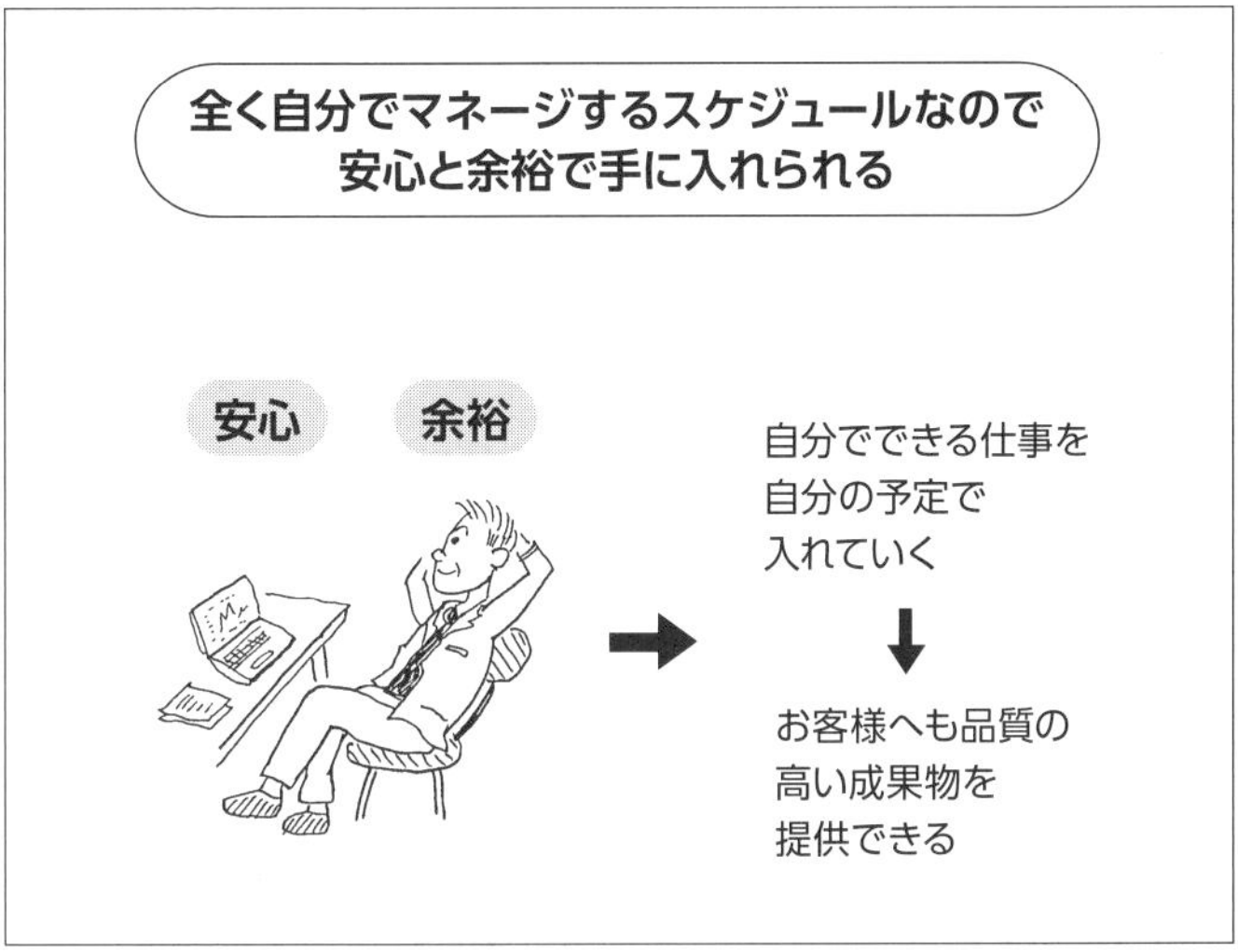

お客様との信頼関係が最も重要になる理由は、このような融通を聞いていただけるかどうかにかかってきます。

とにかく一人しかいない企業ですから、無理なスケジュールで回しても決して良いことはありません。そのことをお客様にお話しして余裕を持って仕事に取り組めるように自分でコントロールをします。

私もほとんど営業行為はしていません。

しかしながらお客様との信頼関係や日頃のコミュニケーションは欠かさないようにし、かつイベントなどがあれば積極的に参加して新しいネットワークを広げていくことが間接的に営業に繋がっているのかもしれません。

ネットワーク内の口コミで新しいお客様からお声がけをいただく機会も多くなっており、またセミナーや講演会で私の話を聞いて下さり、ご自分の会社で抱えている課題についてのコンサルティングに発展した例もあります。

大事なことは、いただいた仕事を精一杯自分の納得のいく品質で提供し、お客様に喜んでいただけることを心がけることです。

自分でできる仕事を自分の予定で入れていくことで、お客様へも品質の高い成果物を提供できますし、とにかく時間を有効に使うことができます。

自分の時間を有効にできることが、こんなにも自由で余裕を持てる人生であることが理解できると思います。これこそが自分の好きな仕事を思いっきりしながら、しかも自分の時間を自由にできる究極の人生の後半の過ごし方だとおもいませんか。

五〇歳からの一〇年間を今の組織での仕上げの時期として行動する

今はまだ現役の会社員として決められた仕事に毎日従事していますが、定年になった時のあなたの仕事の引き継ぎやサービスレベルの維持などは大丈夫でしょうか。

これもできる限り一〇年間に後継者の育成や事務プロセスの改善、継承なども含めてあなたの定年に伴う仕事のリスクを無くしておく必要があります。

今まで長い間会社のために尽くしてきたという意識があるのであれば尚のこと、この一〇年間であなたがいなくなるリスクを最小限にする必要があります。

組織ですから、後任者の問題などは解決してもらえることもあるでしょうし、出て行くものにとって自分のいなくなる企業の状況を気にする必要はないと考える人もいるかもしれませんが、そこはあくまでも**あなたを企業人として育てたり、定年まで勤めることができたのも今の組織があってのことと意識を変えて、必ず次世代につながる引継ぎをしっか**

りする必要があります。

残念ながらどんなにしっかり引き継いだとしても、あなたのいない組織の中では徐々にあなたの残したさまざまな仕組みが見なおされることもありますが、それらもそこへ行きつくためにはあなたの存在があったわけですので、決して悲観的にならないようにします。

それよりも、一〇年間をあなたのこの組織における仕事人生の仕上げの時期と位置付けて、行動をして下さい。

「働けること」や「周りの人のため」と割り切る寛容さが必要

個人事業を始めることになると、すべてはあなたの責任と判断にかかってきます。

それは、今までとは比べ物にならないリスクと隣り合わせです。

あなたの新しい事業をコンサルティングと仮定した場合にどのようなリスクがあるかというと

・一人仕事のためにオーバーキャパシティ
・運営資金が不足する
・不慮の出来事が重なり、お客様との約束が果たせない
・信頼していた外注パートナー企業が倒産した
・講演会の講師などで事務局との意見相違
・コンサルティングの仕事でお客さまが成果を感じない

その他にもあると思いますが、これらのリスクはお客様にご迷惑をかけることが一番の課題となります。

今までのように組織で動いていれば、代わりの人材や資金は目途を付けることができますが、一人仕事となるとそれは難しいので、まずプロアクティブな動きとしてお客様との強固な信頼関係を結んでおく必要があります。

積極的にお客さまの中に入って、心からお話のできる関係を構築しておくことがこれらのリスクを最小限にとどめていただくことになります。

一人で始める仕事は、常にリスクと隣り合わせであることを肝に銘じて日頃から行動しておかなければなりません。

時には全く報酬なしのボランティア的なお手伝いをすることも出てくるかもしれません。それらも含めて「働ける」ことや「周りの人のため」になることと割り切って対応する寛容さが必要です。

ストレスから解放され、全てにおいて安心と余裕を作り上げる

自分一人の働き方ですが、初めは慣れないために従来の組織で働いているような感覚で捉えがちですが、この働き方に慣れますと極めて落ち着いて良い仕事を目指せるようになります。

ここではストレスのない働き方について話しましょう。

五〇歳になり、会社の第一線でバリバリ働いているあなたにストレスがありますか？と聞くのはとても現状を知らないと叱られるかもしれません。

組織から個人にベースを変えることで得られるもの

心の余裕
心の平安
↓
仕事の出来栄えがよくなる

- ○ 社内の人間を比較することがなくなる
- ○ 仕事の調整がなくなる
- ○ プライドを考えて無理してやる仕事がなくなる
- ○ 会議が少なくなり日程に余裕ができる
- ○ 従事時間が自由になる
- ○ 服装が自由になる
- ○ 満員電車に乗る必要がなくなる
- ○ 休みを自由に取ることができる
- ○ いつでも家族の用事を優先できるので、家族とのトラブルが少なくなる

ストレスを感じないで毎日生きておられる現役会社員の方は、ほとんどいないと言っても過言ではないと思います。ストレスのない社会はあり得ないわけですので、そのたくさんあるストレスを自分自身でしっかりコントロールされている方が今この本を読んでいると思います。

世の中からストレス自体を無くすことはできませんので、身の周りでストレスを発生している要因を少なくすることができれば、皆さんの心に平安がやってくる確率が大幅に上がると思います。

そのためには、生活も含めて様々なことを見直すことが重要です。今までご説明してきた中にもストレスフリーに近づくためのたく

さんのヒントがありましたが、お気づきになりましたか。

まずは組織から個人にベースを変えることによって、社内の人間と比較することが無くなり、仕事の調整が無くなり、プライドを考えて無理してやる仕事がなくなり、会議が少なくなり、日程に余裕ができて、従事時間も自由になり、服装も自由になりました。まだあると思いますが、これだけでも大きいですよね。

さらにここから波及することとして、満員電車に乗る必要がなくなり、休みを自由に取ることができるので、空いている平日に行楽地に行くことができますし、いつでも家族の用事を優先できるので、家族とのトラブルも少なくなるなど数えだすと今まで組織の中でさまざまな制限を受けていたことがかなり自由になることで、必然的にストレスを受けることも少なくなることになります。

心の平安は、多くのメリットをあなたにもたらせてくれます。心に余裕ができると、今まで以上に仕事のでき栄えが良くなってくると思います。

人間にとってこの余裕というものから得られる効果は計り知れないのではないでしょう

か。今からでも余裕のある人生をおくることができるように心がけて下さい。

時間の余裕、気持ちの余裕を持てることが周りの大事な人との信頼関係をさらに深いものにして、お客様であれば顧客満足度が上がることに寄与します。

プライベートも充実し、今までと違う世界が広がる

仕事に余裕を持てることでプライベートも充実し、今まで以上の仕事以外でのつながりもたくさんできてきます。

今の社会はコミュニティがとても多くできていますので、それらのコミュニティに参加することにより、今までの世界や自分の人生ではお会いすることは無いと考えていたような方々ともお会いする、或いは知り合いになる機会が圧倒的に増えてきます。

これも常に仕事の付き合いだけに限定していたのでは難しく、かつ誰かが誘ってくれるのを待っていたのではなかなかそのようなチャンスは訪れません。

まずは自分から動いてネットワークを広げることをしていけばこのような機会にとても多く遭遇することは間違いありません。

芸能関係の方、放送関係の方、スポーツ関係の方、多種多様な方々と知り合うことで、さらに自分の器を大きくしたり、知識を蓄えたり、場合によっては共同で新しい仕事も考えられるところが個人事業の素晴らしい所でもあります。

今までの自分の世界では付き合いのできなかったフィールドの方々と話し合い、時には飲み合うことで新たな自分を発見することができます。こんな楽しい人生があなたの人生のもう少し先に来ていると考えて下さい。

起業するまでの準備が、それ以降の成功を生む

最終的に自分で会社を興そうとの考えに行きつき、それを目標として数年間を準備に過ごしてきた方には六〇歳になって勤めていた企業で定年を迎えることによって、いよいよその目標を達成する時が来たことになります。

新卒で一八歳か二二歳で入社したとすると、三八年から四二年の会社人生であったわけで、振り返ってみると、この長き会社生活の中では人にはなかなか伝わらない多くの出来事が思い起こされると思います。

まずもって自分の人生のひとつの事業を成し得たわけですから、胸を張って堂々と、そして前を向いて会社をあとにして下さい。

これまで起業することを念頭に置いて動いてきたわけですが、実際に起業をするためには当然ながらそれ相応の準備が必要です。

既に五五歳を超えて起業スケジュールに沿って動いてきた方は、すぐにでも企業の手続きに入れると思いますが、やはり二足の草鞋を履くことができなかった方は定年になってから動きだすことになります。

この段階でじたばたしても仕方がありません。時間はたっぷりありますので、ここはじっくり前章で説明したような起業に向けての準備を始めて下さい。

もちろんその際には実際に始めるという心意気の確認もしながら進めると自分自身が前向きになり、良い準備ができることになります。

それでも最初からすぐにお客様からお声掛けをいただくことは難しいので、ある程度の期間はハローワークなどに通いながら失業保険のお世話になることになります。

私の場合でも二カ月間はハローワークに通い、たまたま三カ月後からお客様にお声掛けいただき、一年間のコンサルティングの仕事をいただける契約を取り交わすことができました。その契約書を持って二カ月半通ったハローワークで、自分の会社を起業して契約ができた旨の面談を行い、お祝い金までいただいてスタートができたという経験がありました。

私は全く準備をしていませんでしたので、その割には多くの人のお陰でとても幸運な定年後の三カ月間であったと感じています。

ここではとにかく新しい会社や仕事が軌道に乗るまでは、気を抜いてはいけないということを申し上げたいと思います。

ひとつのことを成し遂げましたので、これから先はどんなことでも対応をしていけるとは思いますが、甘い考えを持っていると何もできないのがこれからの世界です。

新しい仕事で自分の足でお客様を獲得しなければ、せっかく起業した会社であってもすぐに潰さなくてはならないのです。

起業をするということはそれだけ大変なことを肝に銘じておいて下さい。

新しい仕事でのお客様が見つかれば、或いは自分の手掛けた商品やサービスが市場に出回って来れば、後はさらなる努力でお客様やファンを増やす努力をすれば良いわけですから、最初の数カ月が勝負になってきます。

何事にもどんな時でもしっかりとした準備を怠らずに、真摯にそして謙虚に新しい仕事に取り組んでいけば、間違いなく次の仕事が回ってきます。全てあなたの心がけ次第ということです。

今までの経験を無駄にはしないが、あまりこだわらない

あなたが持っている知見や経験はあなたの貴重な財産です。その経験はさまざまなシーンで使用することが可能になってきます。

特にあなたの経験の中で苦労をして成功させた事例などは、同じ苦労をされている企業や個人にとっては喉から手が出そうな知見や経験であり、是非とも入手したいと考えているはずです。

そのようなお客様に巡り会うことができれば、かなり早い段階であなたの新しい会社も軌道に乗ってくることになります。

ただし、あなたにそのような知見、経験があるということは市場には知られていないわけですから、市場への情報提供は積極的にしなければなりません。

例えば、東京商工リサーチ等への会社概況の提供や、登録している市区町村の商工会への加盟、その他にコミュニティや関連する団体への積極的な参加なども有効になります。

私の場合には、事務所を借りている共同オフィスのホームページ上に載せていただいたり、自社のホームページ上に経歴を載せておき、気軽に問い合わせができるように誘導したりもしました。

こうして過去働いていた会社での自分の経験情報を、自分の売り込みツールとして活用することはとても有効的になります。

多くの人がここで勘違いをしてしまうことがありますので、自分の経験も含めてお話ししておきましょう。

結論は、**自分の自信ある経験がもし通用しないとわかった時には、あまりそれにこだわらないことが得策です。**

実は私自身にもこんなことがありました。創業してしばらくたった時に、新たなお客様から顧問契約を結びたいとのお声掛けをいただきました。

略歴書をお送りして、詳細のお話をお伺いすべく面談をしたのですが、会社を手伝うというよりも営業先の紹介をしてほしいとの依頼でした。

もともと会社の外のトップマネジメントも含めて多くのネットワークがありましたので、その会社にお役に立つのであれば紹介は喜んでさせていただくのですが、今までの自分の経験からその後の両社のビジネスのフォローまでを自分としてはコンサルティングをしたいと申し上げました。

具体的には、お互いがＷＩＮ－ＷＩＮになるためにはどのような戦略でお互いの会社との協業を進めることが良いかを企画・検討する仕事です。

私自身はそのような仕事をずっと経験してきましたし、自信もありましたのでその旨のお話をしたのですが、先方としてはその部分は自社でやるとのことでした。即ち紹介のみをして欲しいとの依頼でした。まだ起業したばかりであったこともあり理想を追いかけてもいましたので、結局そのお話は先方から辞退されることになったわけです。

お客様のニーズ以上のことを提案したつもりでしたが、それには当然紹介業務以上に時間がとられるための料金発生がありますので、お客さまとしてはお断りしたのだと思います。

今思うには、その時点で紹介業務だけに徹してお受けすることもできたのではないかということです。

起業をして新しい仕事で、過去の自分の経験や知見、或いは理想にこだわりすぎると仕事は来ないという経験をしたことで、その後の同様のお声掛けには上手く対応ができるようになりました。

三〇年以上に及ぶあなたの経験はかけがえのないものです。生かすべき道はたくさんあると思いますし、積極的に情報提供をして自分はここにいるというアピールを怠らないようにすることでたくさんの仕事の可能性が出てきます。

ただし、あまり自分のやり方にこだわってしまうと時には時代に合っていないなどということもあり、お客様から敬遠されてしまうこともあるということを理解しておいて下さい。

高齢になってもできること、やりたいことは何なのか考え始めて下さい

さて働くことを続けることが必須になってくる世の中で、どのように働くことが自分のためになるかが大きなポイントになってきます。

六〇歳に当面のゴールを置いて動き始めるのですが、その先のイメージも必ず持っておかなければなりません。

何歳まででもできる仕事が最高になりますので、そのような仕事でイメージ作りをして

みましょう。

大きな岐路は、第二章で説明した通り組織の中で活躍できる自分なのか、個人での活動で活躍できる自分なのかは既に選択されたのではないでしょうか？

組織の中で働くことをイメージしているのであれば、今までの経験をどのように活かすか、全く新しく新入社員のように働き始めるかになってきます。

いずれにしても組織の中で週四〇時間働くことは、体力的にも集中力などからも年齢を重ねるにしたがって厳しくなってくると思います。

組織で働いている以上、周りの人に迷惑がかかることになりますので、ついつい無理をしてしまい身体を壊したり、ストレスで体調不良になることも考えられます。

しかも報酬は同じ時間を働いても、現役時代の六割〜七割程度になってしまうことは東京都が行った「高年齢者の継続雇用に関する実態調査」で明らかになっており、何となくやり切れない気持ちになると思います。

やはりここでも六〇歳以降の働き方は個人での活動となるところで個人事業主、ひとり会社が良いとの結論になると思います。

では何をするかですが、自分でお店を経営する方もいますし、自分の得意である分野で新たにビジネスを始めることもできると思います。

五〇歳の段階ではまだはっきり決める必要はありませんが、高齢になってもできること、やりたいことは何なのかをじっくり考え始めて下さい。

この段階では明確に決める必要はありません、漠然としたイメージで良いと思います。とにかく、**これからも長く働く時に、自分のやりたいことを見つけ出すのが最高です。**

今までのプライドを捨てて謙虚に働き出せるかがカギ

六〇歳以降に、コンサルティングの仕事を自分ですることをイメージしてみて下さい。あなたが今まで会社員時代に経験したさまざまな事柄を知見として、相談にのることは可能です。自分のコンサルティングのスタイルを確立することも良いことです。

一般的にコンサルティング・ビジネスは、予算では賄いきれないような高い価格の見積もりがくると共に、自分の会社ではとても対応しきれないレベルの高いソリューションを要求してきて、上手く行くか行かないかはユーザー次第になってしまうという状況で使用されるケースがとても多いのですが、ここではもっとハードルの低いコンサルティングの形もあると考えて下さい。

コンサルティングといっても、さまざまな形でのビジネス支援であったり、改革支援であったり、プロジェクト・アドバイザーであったりします。

時には個人へのコンサルティングも可能です。メンタル・コンサルティングや体力強化コンサルティング、セミナー講師コンサルティングなどでもできると思います。

あなたが総務部門の管理業務が得意であれば、管理業務のコンサルティングを、経理業務ならば経理のコンサルティングなどなど、ご自分の経験に則して自分独自の切り口で相談できることがコンサルティングになると思います。

このようにコンサルティング・ビジネスは、定年後のあなたが組織に勤めずに個人事業として行いたい時には打ってつけの仕事内容です。

**自分の経験に則して自分自身の切り口で
コンサルティングの仕事ができる**

○さまざまな形でのビジネス支援
改革支援

○プロジェクト・アドバイザー

○管理業務のコンサルティング

○経理のコンサルティング

○個人のコンサルティング

メンタル・
コンサルティング

体力強化
コンサルティング

セミナー講師
コンサルティング

ただし、お客様を探すのは並大抵の努力ではお客様に声がけしてもらえません。

もちろん、何もしなければあなたの存在すらわからないわけですから、さまざまな機会をとらえて謙虚さの中にも自分の事業をアピールする覚悟が必要です。

友人のセミナーや講演会、またはさまざまな企業が関連する事業が開催する有料・無料セミナーへの参加です。

もしご自分で個人事業として始めるのであれば、黙っていては何も起こりません。自分の仕事は自分で探してこなければ最初のうちはだれも動いてくれません。なぜならあなたの事業をだれも知らないからです。

まず自らが動くことで、あなたが何をしている人なのかを周りに周知してもらう必要があります。

これからは誰も助けてはくれませんので、とにかく手探りで自分で動き出し、場合によっては報酬が無くてもお手伝いをし、実績をあげて小さな成功体験を山のように作ることであなたの存在がやっと世の中に出ていきます。

これは前職が、どんなに大きな会社でたくさんの部下を持ち、会社内でとても影響のある人であったとしても全く関係ありません。

第二章で述べた通り、まずは今までのプライドを捨てて自分で謙虚に動き出せるか、この時のマインドセットの変更、動き方の変更がそれからのあなたのビジネスに大きな影響を与えることになります。

第四章

考えておきたい定年後のお金に関する計画

定年後にかかる「生きていくための費用」をあらかじめ試算しておく

まず考えておいていただきたいのは、人生の後半に向けての総費用がいくらかかるのかを、あらかじめ概算で構いませんので頭に入れておくことが重要です。

配偶者との生活費も高いレベルではなく、普通のレベルで計算して若干のプラス・マイナスを加味すれば良いでしょう。

この生活費を頭に入れながら今の貯蓄、これからできれば稼いでいくお金を見積もっていきたいと思います。

自分の計算をするための参考資料に総務省の「家庭調査」（平成二八年版）による支出計算をしたものがあります。世帯主六〇歳以上で無職世帯での生活費は、左ページのとおりになります。（百円未満切捨て）

	二人世帯	一人世帯
食費	六八、〇〇〇円	三四、〇〇〇円
住居費	一四、〇〇〇円	一四、〇〇〇円
水道光熱費	二〇、〇〇〇円	一〇、〇〇〇円
被服・生活用品	一五、〇〇〇円	七、五〇〇円
医療費	一四、〇〇〇円	七、〇〇〇円
交通・通信費	二六、〇〇〇円	一三、〇〇〇円
教育・娯楽費	二五、〇〇〇円	一二、五〇〇円
交際費	二五、〇〇〇円	一二、五〇〇円
そのほか支出	三〇、〇〇〇円	一五、〇〇〇円
合計	二三七、〇〇〇円	一二五、五〇〇円

（尚、一人世帯の概算は、該当項目の五〇％をひとり分としました）

全国平均の参考数値ですが、ひと月の二人分の生活費は約二四万円かかることになります。もちろん、さらに切り詰めることができる項目もありますが、普通の生活でこの額がかかるということは、最低の生活であってもニ〇万円はかかるとみてもよいでしょう。
厚生労働省が二〇一八年七月二〇日に公表した二〇一七年年の平均寿命（男性八一歳、女性八七歳）で計算しますと、六〇歳以降にかかる生涯生活費はおよそ六八、七六〇、〇〇〇円になります。

信じられないと思うのですが、約七千万円はかかるということです。これにさらに医療費や介護費用、住宅にかかる費用などを加えると八千万円は必要になります。

さて次に収入ですが、まずは貯蓄である定年退職慰労金が企業の規模や最終学歴などで若干の違いはありますが、平均しますと約二千万円強だと思います。それに月々の年金が夫の厚生年金（六五歳から）と妻の国民年金を合わせて月に約二〇万円が平均です。

この収入を先ほどの平均寿命で換算すると約四千二百万円になります。これに退職慰労金の二千万円を加えても六千二百万円ですので、差額の一八〇〇万円は足りなくなってきますので、何らかの形で補填しなくてはならない額となります。

世帯でしていた貯蓄があればそれで補うことも可能ですが、一八〇〇万円となると永年にわたって相当の貯蓄をしておかないと、その額に到達するのは難しいと思います。

従って、六〇歳で仕事を離れて収入のない生活になってしまうことが、そこから先の生涯の生活費をも賄えない極めてリスクのある行為であることがおわかりになると思います。それを回避するためにはいくらかでも収入を定年後に得ることが必要になります。

起業の資金は、退職慰労金には手を付けないことが懸命

現在は企業に勤めていたり、ある組織に属していると思いますので定期収入がありますが、定年になり組織を離れて個人事業を始めるとなると、まず開業の資金として一時的にお金が必要になってきます。

それと、これから始める事業がすぐに上手くいかないものとして考えなければならない場合がありますので、当面の収支計画は二種類の目論見を考えておかなければなりません。

定年になり開業すると決めてからでは、すぐに資金のめどが立たなかったりしますので、ここではこれからの一〇年間で将来へのお金のリスクヘッジとして考えられる項目や準備

を説明したいと思います。

定年後に必要な一時的な費用ですが、今まで蓄えてきた資金を中心に活用することをおすすめします。

定年退職で貰う退職慰労金はできる限り手を付けずにいることが賢明です。自分の老後の資金として安全安心で、かつリスクの少ない投資機関に預けておくことが良いでしょう。

さらにリスクを減らすのであれば、この退職慰労金の預け先は二か所の金融機関が好ましいと思います。

ではそれ以外に、どの位起業のための資金が必要になるかと言えば、一〇〇万円～三〇〇万円は考えていた方が良いと思います。

この幅があるのは、個人事業でも様々な準備でお金をかけるか、かけないかで変わってきます。

初期費用の項目としては、下記のようなものを考えて下さい。

- 法人化するか個人事業にするかで設立費用が違う
- 事務所（もちろん共同事務所）を借りるか、自宅で始めるか

- 会社用のパソコン、スマートフォンなどの機材をどうするか
- 名刺や会社案内、ホームページ、電話番号をどうするか
- 会計処理をどうするか
- 申告は税理士を依頼するか
- 当面の仕入れ資金

初期のお金に関わる項目として、少なくともこれらの項目は個人事業を始めるうえで検討し、費用がかかる場合には資金計画を立てる必要があります。

それぞれの項目でもお金を節約できるものと、いくらでも高いものを調達できるものがありますので、プライドを捨てて、とにかく最初はできる限り倹約して始めるようにした方が良いと思います。

ここで変なプライドを出してしまうと、後で取り返しのつかないリスクとなることがあります。

例えば事務所をどこにするかですが、今はやりのCo-WorkingSpace（コ・ワーキングスペース）といわれる共同事務所でも、安価な所は東京の一等地でも一万円台がある半面、

高価な所は月間一〇万円もする所があります。

もちろん使用できるスペースや調度品なども違いますが、もし事務所を借りるのであれば最初は収入が確約できないわけですから、できる限り安価な場所で問題なく仕事ができる場所であれば良い、程度の考えで決めて下さい。

金融リスクの高い商品の運用とギャンブルには注意が必要

その他のお金のリスクとして生活資金がありますが、詳細は後述しますが、できる限り生活資金を自分で稼ぎ出す報酬で賄うことを目標とすることをおすすめします。

個人事業を始めたとすると、すぐには収入にありつけない可能性もありますので、多少の蓄えも必要になります。

この貯蓄の話ですが、退職金については先ほど触れたようにできる限り安心安全を前提にした金融機関へ預けておくことで良いのですが、人間の心理として、或いは金融機関からのたくさん来る働きかけとして「資産運用」があります。

絶対に手を出すなとは言いませんが、くれぐれも気を付けて運用することをおすすめします。とくに金融リスクの高い商品の場合は、充分に節度を持った投資が必要です。

株、投資信託、ＦＸ、外国為替などなど世の中には山のような金融商品が出回っています。それらも含めて自分自身で傷がつかない程度の運用を心掛けるようにして下さい。

生活資金や会社の資金まで運用に回すことは避けなければなりません。

もうひとつここでどうしても触れておきたいお金のリスクはギャンブルです。堅実に生きるのであればギャンブルは避けておいた方が賢明です。

ギャンブルを、あくまでも趣味のひとつで自分の限られた資金の中だけで遊ぶのであれば問題はありません。

しかしながら、ギャンブルはとても怖い遊びであることも認識をしていて下さい。負けず嫌いの悔しがる感情、イチかバチかの勝負を好む感情、一瞬でも買った時に喜ぶ感情などが強い人は、なおさら手を出すことは避けて下さい。

生活レベルを今まで通りとするか、家庭内緊縮財政に向けるか

生活上のリスクですが、五〇歳からの一〇年間ではすぐに生活を変える必要はありませんが、一〇年後のイメージ作りやそれ以降の夢を実現するためのリスク計画は頭にいれて、長い時間かかる準備があれば、五〇歳からでも徐々に開始しなければならないかもしれません。

先ほどのお金のリスク上で少々触れましたが、定期収入がなくなりますので、年金が始まるまでの間は毎月支払われる生活資金をどうするか考えなければなりません。

そのためには、まず生活レベルを今まで通りとするか、家庭内緊縮財政に向けるかになります。

一定収入が無くなるということは、今まで通りの支出を必然的に抑えないと資金がどんどん無くなっていくのは当たり前のことです。

従って、一〇年後を見据えてどのようにしたら支出を抑えることができるかを家族とともに検討して下さい。何度も申し上げますが、今すぐに困らなくても、困ってから検討を始めるのでは間に合いませんので、今のうちから始めることを考えて下さい。

自分自身の支出を抑えると同時に家族で取り組むことをおすすめしています。定年後のお金や生活の話は、家族と常に情報の共有をしながら進めていかないと、多くの誤解を生むことにもなりかねません。

そのような所で不必要なストレスが生まれないように心がけることも、生活のリスクを少なくするポイントです。今までは家庭に帰ると、ホッとして会社内のストレスや嫌なことを忘れられる憩いや癒しの場所でありましたが、定年後になるとさらに家族の役割は大きくなってきます。

家族との関係からくるリスクを減らすことも、これから先に働くことを続ける上にはコントロールが必要になります。

それは家族と過ごす時間が今まで以上に多くなりますので、お互いに話し合い、尊重し、信頼し、助言を貰い、助け合う時間が多くなってきます。

この家族との関係を良い状態で保っておくことが、あなたの仕事時間をもっと充実した時間にすることになります。

生活上での家族の協力の必要性は、あなたが想像する以上に年を重ねるに従いどんどん大きくなってくることは間違いありません。

家族を今まで以上に敬い、一緒に生きていくことを肝に銘じて生活することをおすすめします。きっと今までとは違う家族像が作られます。

その他の生活上のリスクとしては、自宅の問題、それぞれの親に起こるであろう介護の問題、子供たちの成長に伴う課題や問題などがあります。

自分で決めた人生イメージを家族と共有し協力を得ること

お金の算段ができたところで、その内容を基にあなたが考えている人生イメージと照らし合わせていきます。

お店を始めるとか不動産投資をするなど、あまりにも資本を必要としている人生イメージの場合は、当然のことながらプロの方のアドバイスを求めるべきでしょう。

あなたの人生イメージが実現できるお金の計画ができていなければ、それぞれを微調整していかなければなりません。

そうして出てきた将来像を家族と必ず共有することが絶対条件です。

家族とはこれからも生活や生計を一緒にしていくのですから、あなたひとりの考えだけではなく、家族の意見も十分取り入れて最終計画を作り上げて下さい。

この家族の意見というのが実に的を射ている場合があります。今まで自分では全く気に留めなかった、気が付かなかった部分を家族はしっかりと見て考えているのです。どんなことでも家族に話し、相談して決めていきましょう。

今の時点で本当に実現が可能なのかどうか、場合によっては夢の話もあるかもしれませんので、よく試算を検討する必要があります。

一〇年間でさまざまな挑戦をして、資格を取得したり、六〇歳以降を全く新しい職業で収入を得ることを考えている人、新たな地域で働くことを考える人もいるでしょう。

そのような場合こそ家族の協力が必要になりますので、ただ話すだけではなくて、家族の心を動かす意気込みで夢の共有をしましょう。

最終的にはあなたの想いそのものが家族と共有でき、あなたの人生の最も身近なファンになってもらうようにして下さい。一人で追いかける夢よりも複数で追いかける夢の方が実現性を増すことに気づきます。

家族の夢の実現を手伝うこと、子供や孫のサポートも輝く人生

自分の夢の話ばかりしてしまいましたが、定年後には家族の夢の実現を手伝うことも定年後に輝く人生であり、人のために動くことができる形だと思います。

家族の夢の実現では、例えば子供や孫のサポートをすることに情熱を傾ける方もいます。

私の知人でもお孫さんを一流のスポーツ選手にすべく、定年後は完全なサポート部隊で全国を回っている人がいます。

その他でもお子さんの仕事を手伝うこともあるでしょうし、一緒に事業を起こすケースもきっと出てくると、とても面白い人生の後半になるかもしれません。

これも私の知人のお母様の話なのですが、知人たちである子供から手が離れた五〇歳を過ぎてからキリスト教の牧師になることを夢見て、大学院に入り直し、牧師になるための勉強を開始します。

その後、家族の応援も受けながら五年かけて念願の牧師になり、今は日本基督教協会の理事をしながら自分の教会をもって布教活動を行ってる方もいます。

もちろん母親業もしっかりこなしているそうです。このような夢の実現の仕方も素晴らしいと思います。それらも家族の理解、協力があって実現できたものだと思います。

できる限り長く働くのか、期限を決めて働くのか

これは六〇歳以降の話ですが、いくつぐらいまで働くかを、おおよそ考えておく時に自

分自身で働く最終をどうするのか決めておいた方が良いということです。

もちろん働く内容によって体力を必要とする仕事やたくさんの移動を伴う仕事、或いは運転などの年齢が影響を与える職種であると、身体が動くまで働くことは不可能になります。

しかし、コンサルティングのように経験や知識、培ったネットワークである程度の仕事ができる職種は、動ける限りは働き続けることが可能です。私の先輩は八〇歳を過ぎていますが、まだまださっそうとしてお客様の相談にのっていますし、一〇〇歳を超えても働く人も出てくると思います。


では自分はどうしたいのかを決めておきましょう。七五歳で仕事は完全にリタイヤするのか、或いは八〇歳、八五歳とできる限り長く続けるのか。

おそらく七五歳を超えることになりますと、仕事をすることが大いなる喜びと変わってくると思っています。

人のために自分の能力を使うことができるモチベーションは、自分の存在意識、承認欲求など年齢が上がるに伴い強くなってくるものではないかと考えます。

従って、この段階になると報酬は二の次になってくるように思います。

仕事をしていること自体が「生きる活力」になる

ここまで、将来にわたっても極論すれば動けなくなるまで働いた方が良いという話をしてきました。

私は常にそのように思って生きているのですが、本当にその方が良いのか？　多くの人がその考え方に賛同を得られるのか？　を真剣に検討してみました。また多くの先輩、知人からも意見を聞いてみました。

ここでいう働くというのは、あくまでも報酬を得る活動のことを指しています。その結果、動けるうちは、正確には動けるうちは働いた方が良いとの結論に達したのです。また社会環境の変化もできる限り働く必要を高めています。

まずは「生きる活力」を持ち続けるためには自分の承認欲求や「周りの役に立っている」という意識がモチベーションに繋がってくるのです。

今、五〇歳であるあなたは「生きる活力」と言われてもピンとは来ないと思いますが、毎日会社に通い、家族を養い、多くの部下に慕ってもらっていることが、まさに「生きる活力」になっているのです。

即ち、仕事をしていることが自然にあなたの「生きる活力」になっているわけです。

もちろんそれに加えて自分の仕事が好きだったり、働くことで美味しいものが食べられることなどもモチベーションに与える影響は大きいと考えます。

そして報酬です。

「生きる活力」やモチベーションなどは周りの役に立てれば保てると思うので、ボランティアや家の仕事でも十分に得ることはできるのですが、**少しでも報酬を得ることがさらなる「生きる活力」に繋がってくるのです。**

なぜ報酬にこだわるかと言いますと二つの理由があります。ひとつ目は、やはり自分の活動や知識により相手の利益を生むという活動に繋がり、またその先のお客様に満足度が広がっていくことを報酬という形で実感できるからです。

さらにはその報酬を得るための自己啓発を自分に課すことになり、常に前向きな向上心を植え付けるきっかけになると考えています。

老後破産を防ぐためには動けるうちは働くこと

そしてもうひとつは、生きるためのお金です。ご承知のように日本の高齢化が止まらない状況で、今の取り組みなどではそれがすぐに改善できるとはとても考えることはできません。

総務省の発表では、平成二九年度の六五歳以上の高齢者は三千五一四万人にも達していて、人口の割合でいえば二八％近くが六五歳以上と過去最高に達していて、これからもさらにこの数字は増えていくことでしょう。

現在の制度では公的年金の開始時期が六五歳からとなっていますが、今後は七〇歳からの検討が喫緊の課題となっています。

少子高齢化がどんどん進む状況での日本の年金が、このままでは破綻してしまう可能性がとても大きいのです。

従って、政府は年金の受給開始年齢を上げることを考えたり、再雇用制度を七〇歳まで引き上げることを考えたりしています。

即ち**「年金破綻」がかなり現実的になってきているのが事実です。**

定年後はゆっくりしたいなどと考えている場合ではなくなってしまいますし、生活するためには働かなければならない現実が、近い将来に訪れることはかなり高い確率で的中するでしょう。


あまり望ましくはありませんが、定年後に起こる「老後破産」を防ぐためには動けるうちは働くことになります。

このふたつの理由から、年金や家族の扶養に頼ることなく、自分で報酬を稼ぎ続けることを現実的に考えていた方が良いのです。

そのための準備は五〇歳から始めることは理にかなっていると思います。そのためには会社員という経験を約四〇年間送った経験があるのですから、その経験を生かさない手は無いということもご理解いただけると思います。

自分が描くシナリオは主人公が目立ち、成功して大活躍するほうが面白い

五〇歳以降の一〇年間と六〇歳からのイメージがだいぶ固まってきたのではないでしょうか？

あなたのやりたいことをするためには自分の人生のシナリオを作らなければなりません。もうあなたの人生を題材にした映画は半分までできているわけですから、今まで上映した分を無かったことにはできません。

これからは今までの前半のシナリオを継承して、さらに観客を引き込む、さらには出演してる役者達にも存分に楽しんでもらわなければなりません。

特に主役であるあなたには前半のさまざまな苦しみから逃れ、新しい場面での前向きな挑戦ができる作品にしていくようにシナリオを作っていきます。

主役はあなたですが、それぞれの登場人物像も設定しておくと後々活用できると思います。特に名前を特定する必要は無く、あくまでもイメージ像で構いません。

例えば事業に協力してくれる人、一緒に動いてくれる人、商売相手、お客様などなどをここであらかじめ設定しておいてあなたのドラマの後半を書いていきます。

あくまでもイメージですから、詳細はあとでいくらでも修正できます。または大どんでん返しもあるかもしれませんが、それも人生だということになります。

どうせなら格好良い主役にしましょう。いくら何でも自分で描くシナリオで自分が悪役になったり、罪人になったりすることは無いと思いますが、ただの主人公ではなく、とてつもなく格好良い主人公で描いて下さい。

人に言ってもらいたいのであれば、まず自分から積極的に自分像を格好良くしないと上手く行きません。普段は謙虚さを大事にしていますが、ここのシナリオは絶対に主人公が目立ち、成功して、大活躍するようなシナリオにしたほうがこれから作っていく人生が面白くなってきます。

自分の人生に悔いを残さないように遠慮などはいりません。思う存分の自己アピール、自己表現などがすべて上手く行くパーフェクトなシナリオを作りましょう。

あなたは監督兼主役ですから、シナリオ進行途中でもっと優れた役者が現れたり、あなたの期待を上回る風景や設定が変わった時に、積極的にシナリオを変えることができます。**これも自分の人生ですので、自由自在に書き換えて下さい。ただし、いつでもリスクの高いシナリオはほどほどにしておいた方が良いですね。**

崖が出てきた時に飛び降りるのか、少し時間をかけて橋を作るのか、さらには別の手段を考えて引き返すのかを最後の決断は監督が決めるのですが、主役がいなくなったりしてしまっては、人生という作品そのものがだいなしになってしまいますので、常にリスクを考えて決断をしていって下さい。


リスクの少ない挑戦は観客は喜びますので是非とも前に進んでいただきたいと思います。完成はあなたの仕事人生を終える時になると思いますが、その時に人生の中で何かを残せていたのであれば、それだけ周りに良い影響を与えていたことになりますので、興行映画館もたくさんの観客が入り大成功と言っても良いのではないでしょうか。

是非そのようなシナリオを作っていってほしいです。

第五章

体と心の健康が第一！

生活スタイルの見直しをして、一〇年で健康体を作る

健康は仕事を続けるうえで最も重要な要素です。

健康に支障がある人がいくらやる気があったとしても、仕事を続けることはとても難しいと思います。そのためには、健康で働き続けられる肉体を作っておくことが求められます。

だから筋骨隆々になれということではなく、一年を通して寝込むことのない身体をつくり、維持することを言っています。

持病のある人は定期的に検診を心掛けて、常に気を付けていることで十分に健康を保つことができますし、もちろんできる範囲での仕事であれば療養中でも可能ですが、やはり健康体に勝るものは無いでしょう。

ではどのように自分の健康を管理していけば良いでしょうか。

これも五〇歳からの一〇年間で習慣づけをする格好のチャンスであると思います。

まずは身体を動かすことを常に意識することです。

会社勤めをしているのであれば、可能な限りウォーキングをすることをおすすめします。朝の通勤時、帰りの帰宅時、或いは余裕のある外出時などには一駅前の駅で降りて、歩いて目的地に行くことがとても効果的です。

その他、三〇分の時間があれば充分に早足で三キロは歩けますので、お昼休みや平日は三〇分程早く起床して自宅の周辺を歩くことで気分転換にもなりますし、良い空気も吸えますし、一石三鳥の効果があります。

その他で健康管理の方法としては、下記の通りです。

- 毎日一五分の筋力トレーニング（スクワット、ストレッチなど）
- 週に一度は身体を使うスポーツをする（ゴルフ、水泳、スポーツジム）
- 毎日のウォーキングやジョギング
- 六カ月に一回の血液検査及び健康診断
- 一年に一回の人間ドックなどの精密検査

・暴飲暴食を避ける
・特に酒量はほどほどにする
・すぐに禁煙する
・必ず充分な睡眠時間を確保する
・体調不良の時は、絶対に無理をしない

今までかなり無理をして戦い抜いてきた身体です。今までは良い意味での緊張感があり多少の体調不良でも出勤していましたが、五〇歳を契機にこれからの後半の人生を健康で楽しく生き抜くために、この辺で生活スタイルの見直しを行う時期に来ています。

一〇年間あれば充分に健康な体が作られますので、騙されたと思ってこの健康リスクを少なくする方法を少しずつ試してみて下さい。

一〇年後には見違えるような健康な体に生まれ変わっていると思います。

五五歳を過ぎて自分自身への過信が大きなリスクになることを学んだ私

私の場合には五〇歳を過ぎてから健康上の問題で大失敗を起こします。結果的には助かったのですが、自分の健康をあまりにも過信した大きな出来事でした。

五〇歳を過ぎても、一年に一度の人間ドックと半年ごとの検診で健康には自信を持っていました。

ただし、前述のように五五歳を過ぎるといよいよ大きな責任を負い、会社の将来をも左右する判断を行う立場になっていました。今後のグローバルでの体制を検討、指示するためにシンガポールへ会議のために出張した時でした。

昼間の会議を終えてディナーミーティングでの待ち合わせをしている時のこと、やけに動悸が激しくなり、落ち着かないのです。深呼吸を何度してもなかなか治まらず、終いには冷や汗が出てくる始末でした。

ホストには心配をかけたくないので夕食を早々に終えホテルに帰り、睡眠をとれば治るであろうとの考えから早めに就寝して朝を待ちます。

ところが次の日も動悸は治まらず、そこで初めて「これは何かおかしい」と自分で判断します。


その日はゴルフがセットされていたのですが、さすがにそれはキャンセルして、翌日の帰国を早めてその日の便に切り替えて、ゆっくりゆっくり動きながら飛行機に乗り、帰国してすぐに近所の医者に駆け込みました。

もう皆さんはお気づきだと思いますが、不整脈になっていたのです。その時には不整脈という病名は知っていましたが、予備知識もなく、さらにはまさか自分がなるとは夢にも思っていませんでした。

しかも心房細動というやっかいな不整脈で、もう少し遅ければ大事になっていたと医者からは大目玉を食らいます。

かなりハードなスケジュールで動き、大きな課題に取り組んでいたためのストレスが大きな原因だったようで、高血圧の兆候も表れ始めます。

それからというものの海外出張は決して無理なスケジュールでは行かないように心がけていました。またここでは、五五歳を過ぎてからは自分自身への過信が大きなリスク要因となっていることも学びました。

健康のリスクで大事なことは健康体を維持していくことです。

心の健康も含めていつも「元気でいたい」、「まだやりたいことがたくさんある」、「毎日が楽しい」などの前向きな考え方、将来を見据えた生き方をすることによって、心と身体のバランスが取れて自分自身で無理をしなくなり、栄養、睡眠、運動なども意識しだすと健康体を維持するスパイラルに突入しますので、そのスパイラルに入るまでのアプローチ期間が必要になります。

今一度申し上げますが、健康体に勝るものはありません。是非、健康で残りの人生後半戦を楽しんで生きましょう

過度な飲食は成人病リスクを高める

とかく身体が頑丈であることを過信して、毎晩の懇親会などによる過度の飲食も成人病のリスクを高めます。

お付き合いは大事なので、同席する場合でもほどほどにお酒とごちそうをいただくのが五〇代後半の振る舞いであり、格好良さです。

銀座、新橋界隈の事務所に三五年程勤務した経験から、会社員の夜の姿を山のように見てきました。特に、ある一定時間を過ぎた新橋の機関車前広場や烏森口などは、その日の嫌なことを忘れたいか喜びを分かち合いたいかの会社員で、週末以外毎晩盛り上がっています。

楽しいお酒のうちは良いのですが、他人に迷惑をかけるほどに飲んでしまい、道端に座りこんだり、全く前後不覚になってしまったりした会社員を見るたびに、とても侘しい気持ちになっていました。

何が彼や彼女をそこまでにするのだろう？　あとで絶対に後悔するのに、などと思ったものです。もちろん私も二〇代のころはそのようなこともなかったわけではありませんが、五〇歳を過ぎてからはそこまでは飲まなくなり、早々に帰宅することにしていました。

自宅でできる運動で毎日体を動かす工夫を

定期的な運動も五五歳を過ぎるこの頃から、真面目に取り組むことをおすすめします。お金をかける必要は全くありませんので、自分で工夫して最初は毎日少しずつでも体を動かすことを始めて下さい。

ウォーキング、自宅での筋力トレーニングやヨガ、健康体操などなど自宅でできる運動は数々あります。

これらはインターネット上に方法や効力などの情報がたくさんありますので、参考にしながら明日からでも始めることができますし、とにかく無料です。

自宅でできる運動で毎日体を動かす工夫を

（インターネット上に方法や効力などの情報がたくさんありますので参考にしながら始められます）

- 筋力トレーニング
- ウオーキング

毎日の体重や体脂肪、血圧などを数値化して目標を決めながら進めていく

↓

効果は必ず現れる

- ヨガ
- 健康体操

時間やお金に余裕のある人は、会員制のスポーツジムなどに通って本格的に取り組むのも結構ですが、なかなか時間が無くて難しい人は騙されたと思って自宅運動に取り組んでみて下さい。

毎日の体重や体脂肪、血圧などを数値化して自分で目標を決めながら進めていくと、効果は必ず現れてきます。大事なことは続けることです。

六〇歳の時、七〇歳の時、八〇歳の時と仕事量は減ってくると思いますが、身体が動くうちはできる限り長く働くことを続けた方が自分のためにも、世の中のためにも良いことになる訳です。

ではどうすればできる限り長く働けるかですが、やはり健康年齢の維持ではないでしょうか。

体を健康に保つことは全てにおいて優先される事項で、身体を壊してしまうと心も弱くなり、働く意欲が一挙に失せてしまいます。

五〇歳からの一〇年間、そして六〇歳を超えてからの健康意識はさらに上げていかなければなりません。

人間ドックによる検査と定期健康診断。さらに主治医を持つこと

このころの年齢になると周りでも、同年齢の人が病気で亡くなったという知らせが入ったり健康で暮らせることがどんなに幸せなことかを実感する年齢です。

入社から五〇歳までの約三〇年間にあなたの身体もかなり酷使してきたはずですので、最後の一〇年間は自分の身体のことや健康のこともじっくり学び、鍛え直すことを強くおすすめします。

今は会社の健康保険組合の定期健康診断や五年毎の人間ドックの奨励など、会社としても健康を気遣ってくれていますが、そのような時期に限って「面倒くさい」などの他愛ない理由で検査を受けなかったり、定期健康診断で再検査にかかっても「元気だから」や「忙しいから」の理由で再検査を受けなかったりして、後で本当に泣くことになった人も多くいます。

まずは今を健康体にすることから始めましょう。人間ドックによる詳細な検査を受けましょう。何にもないことが確認できれば、それ以降、毎年一度は人間ドックを受けることをおすすめします。

その他に万全を期するのであれば、あまりお金もかかりませんので人間ドックから半年後に定期健康診断で血液検査など簡易な検査を受けることで、一年に二度の身体のチェックができることになります。この定期健康診断は、各自治体から一部負担してもらえますし、もしOBとして企業の健康保険組合の組合保険をそのままお使いになられるのであれば、かなりの額を健康保険組合に負担していただけますので自己負担は一部になります。

特に過去、何らかの自覚症状や兆候や経験があって人間ドックで再検査した人、例えば高血圧症、不整脈などの循環器系疾患、内臓ポリープや呼吸器疾患などで持病のある人は毎日のケアも必要になってきます。

五〇歳になったあなたにさらにアドバイスとしては、常に自分の健康のサポートをしていただける主治医を決めておくことをおすすめします。

恐らく五〇歳ぐらいまでは、持病さえなければほとんど定期的に医者へ通うことなどはなく、せいぜい風邪や予防注射などで行くぐらいではないでしょうか？

五〇歳になりましたら、行きつけの総合診療医でも内科医でも構いませんので、是非ご自分の主治医として、その医者に診てもらうことをおすすめします。

保険さえきけば健康相談なども十分にしてもらえるので、かなりおすすめです。

何かあれば、その主治医から専門医に紹介してもらうなど自分で判断することなく、ドクター間で情報の共有化もしてもらえるのでとても便利です。欧米では家族でこの主治医（家庭医）を持ち、健康をサポートしてもらえるシステムがあります。

明るく働ける環境を作り上げて、できる限り長く働くことをめざす

自分自身の体力維持についても何か参考になるプログラムを作って、五〇歳から始めてはいかがでしょうか？　そんなに難しく考える必要はありません。

まだ今の仕事のペースがありますので、その中でできる限りの健康メニューを取り入れはじめてみて下さい。

まずは歩くことでも良いと思います。今のスマートフォンにはほとんど歩数計の機能やその他のダウンロード可能な無料ソフトウェアでも健康に関するものはたくさんあります。一日の歩数を毎日計り、できれば毎日体重を測ることを第一歩として始めてみることをおすすめします。

歩数計と体重計ですから、出費としても低価格で納まると思いますし、何といっても資本である体に関する良いことを始めようとするのですから、家族も出費に反対はしないで

しょう。

また、もし毎日続かなくても気にしないことが大事です。一日置きになってもかまいませんので、まずは三カ月間試して下さい。

歩数計と体重計であなたの健康の数値化が毎日されて、それが〝見える化〟されますので、続けるモチベーションにつながってきます。

宴会などの翌日は必ず体重は増えていますし、二、三日の歩数が少ない時にも体重に影響が出てくると思います。面白くなってくると三カ月が半年、一年と続けば必ず効果となって現れます。

まだまだ働きましょうと言っても、働くためには何と言っても健康でなければならないので、五〇歳になったらなおのこと健康に気を付けましょう。

連夜の深酒、タバコなどはもっての外ですし、睡眠不足なども気を付けたいところです。そのためには時間に余裕を持って生きること、ストレスを溜めないことなども大事です。

また、働き続けることで健康が保たれることも副次効果としてありますので、明るく、楽しく働ける環境を作り上げて、できる限り永く働くことを目指しましょう。

「すぐにキレる高齢者」にならないように

「寛容な人生」は最近とても気になるキーワードになっています。

「寛容」とは国語辞典によると「心が広く、人の言動をよく受け入れること。また、人の過ちや欠点をきびしく責めないこと」と書かれています。

即ち多少嫌なことがあっても怒ったり、人を貶めたりせずに生きていけることだと思います。

最近、街なかでも、公共交通機関でも、お店でも、高齢の方が大声をあげて相手を怒鳴ったり、クレームを入れたり、時にはお互いに険悪な雰囲気になったりしている光景に遭遇するのは、私だけではないと思います。

なぜそんなに怒りやすくなってしまったのでしょう。

先日も、あるとても有名な神奈川県のゴルフ場で私と同年齢程度（六五、六歳位）と見受けられる方が、ゴルフバッグ置き場の前で自分のゴルフクラブが無いと係の人に詰め寄っていました。あまりすごい剣幕なので、その大きな声でかなり遠い場所にいた私たちでも内容がわかるほどだったことは確かです。

持ち物は、自分の車から降ろすと通常はそのままゴルフバッグ置き場に流れてくるのですが、どうも手違いでまだ正面の車付けのところに置いたままだったようでした。

係の人はお詫びをしてすぐに対応したいのに、その人の罵倒が終わらずにどんどん激しくなるので動けない様子で、見かねて他の係の人がその人のゴルフバッグを持ってきてことなきを得た場面でした。

少し冷静に「バッグが来ていませんね」と笑顔で注意すれば、すぐに対応をしてもらえるのに、もう少し格好良くできないものかと、見ている周りが可笑しくなる程でした。

ご本人はどのような感覚で、行動し、発言しているのか聞いてみたい衝動にかられたケースでした。

このケースに限らず色々な場所で同じように、少しも「待つ」ということができない、少しも「我慢」というものができない状況になってしまい、他の人を責めることで自分を正当化し、自分の立場を承認させようとしているとしか思えない高齢者が増えているのはさまざまなマスコミ媒体で取り上げられている通りです。

確かに不合理だったり、店員や電車の中のマナーでもこれは違うなと思うケースはたくさん目につきますが、自分が少し我慢すれば良いケースや、スマートに注意することでお互いに気分よく次の行動に移れることがあるので、一概に一方が良い、悪いという話では無いと思うのですが、「キレる高齢者」になる必要は全くないということです。

「寛容」の心を意識していくことが必要

イギリス・ケンブリッジ大学の脳科学学者たちが二〇一七年に発表した分析調査によると、「ヒトは年を重ねるにつれて神経症傾向（不安や敵意、ネガティブ思考など）が低下する傾向にある。

つまり、私たちは年を取ると共に、自分の感情をより上手くコントロールできるようになるといえる。同時に、ヒトの加齢には誠実性と調和性の向上が伴うこともわかっている。

これは、責任感がより強くなり、他者への敵対心がより弱まることを意味する」とあります。

ではなぜ日本の高齢者は、いつも怒りやすく、キレやすいのでしょうか？

アメリカ東部ボストンにあるノースイースタン大学の脳科学者であるDr.YutaKatsumiさんは、「ヒトが年を取るにつれてより寛容になるという現象は『ポジティビティ効果』といわれ、心理学の分野ではかなり確立されています。しかしながら、日本の高齢者が怒りやすい理由としては、上述のポジティビティ効果では説明しきれない、文化的要因も絡んでいるのかもしれません」と話しています。

人間として考えた場合には年をとればとるほど「寛容」になっていると科学者や心理学者の間で確立されているにも関わらず、**日本人の場合には怒りやすくなっているのは最近の社会の影響だと考えています。**

私の子供の頃もそうでしたが、近所には評判の「雷おやじ」と言われるうるさ型のおじいさんがいて、悪さをするとすぐに怒鳴られた記憶もありますが、必ずそこには「躾」や「教育」的な温かさがあったと記憶しています。今のキレる高齢者とは少し違うような気がしています。

社会変化、スピードの時代、ＩＣＴ環境の発展、個々の優しさの欠如、独居のような生活環境の変化、自らの承認欲求が満たされない現実などにより、人との接し方が仕事の定年によりわからなくなってしまうコミュニケーション能力低下の高齢者が増え、それと共に自分の記憶や能力が落ちている実態も含まれて、このような状況になっているのではないかと推測をしています。

いずれにしても本人も周りも良い影響は出ないので、自分自身のアンガーマネジメントを行い「寛容」の心を五〇歳という年齢から意識して生きていくことが必要です。

社会でも問題なく通用できる脳を鍛える訓練をしておこう

五〇歳になられた皆さんには、是非ともこの「寛容」の心を大切にしていただきたいと思います。今お勤めの会社の中でも最近は「パワハラ」などの教育ができていて、あまり怒鳴り散らす人は見かけないと思いますが、怒鳴り散らしたい場面にはとても多く遭遇していると思います。

単に怒鳴るのを我慢するだけが「寛容」ではなく、自分の生き方の中にこの「寛容」の心をお持ちいただくことがベストです。

特に組織の中で挫折を知らないで今日まで上り詰めた人や社会的な地位が高い人などは、自分の思い通りにならないことがあると自分は悪くなく、悪いものを他に探してすぐ相手を責めがちです。

私も過去に仕えたことがありますが、上位職になればなるほど、もともと怒りやすく感情を抑制できない性格の人がいました。

そのような人は、ピラミッド型組織の頂点にいればそれで通用するのですが、組織を離れ、社会やコミュニティの中では通用しませんから、さらにイライラする場面が増えます。

それが、感情のコントロール能力の低下によってより抑えられなくなり、さまざまな場所で爆発することになります。

爆発すると本人も振りかざした拳をすぐに下ろすことができず、相手の人もどう対応すべきかとても厳しい状況に双方がなってしまいますので、少し柔らかな脳に切り替える訓練をしておく必要があります。

五〇歳からの一〇年間で社会でも問題なく通用できる脳を鍛える訓練も同時にしておき、**「寛容」の精神を持ち、少し嫌なことであっても別の脳が働き、その嫌だと思ったことを解決するための思考を開始するなどの訓練をしましょう。**

この本をお読みのあなたは決して怒りやすい性格の持ち主ではないと思いますが、脳も老化してきますので、くれぐれもご用心をお願いします。

今一度、国語辞典から引用しますが「寛容」とは、「心が広く、人の言動をよく受け入れること。また、人の過ちや欠点をきびしく責めないこと」と書かれています

今まで以上に感謝の気持ちを持ってこれからの計画をたてる

たとえ、ひとりで会社を始めたからといって、周りへの感謝を忘れてはいけません。

六〇歳以降は組織の中にいた時と同様に或いはそれ以上に、周りへの感謝の気持ちを持ちながら生きていくことが大切です。

自分の周りの、自分に関わり合う全ての人に感謝と寛容の気持ちを持つことで、これからの人生の後半を周りにいる人達も気持ち良く、そして自分も気持ち良く生きていくことができます。

特にあなたの間近で最も大きな存在である家族には、年齢を重ねるに従って愛する気持ちを強くしていって下さい。

今まで以上に、一緒にいる時には積極的に話をして、家事を手伝い、家族の相談事にしっかり向き合って、それでいてお互いに良い距離感を保っていることが、残りの人生をお互いに支え合って生きていくためにも大切なことです。

ここでも感謝する気持ちを忘れないことです。あなたさえ自分の気持ちをそのように保っていれば相手も必ずその気持ちが通じますし、同じ目的で動くことになります。相手から先に感謝すべきなどという考えは決して持たないことが肝心です。

もし六〇歳からひとり会社を立ち上げて、周りの人のためや世の中のために少しでも自分ができることをしていこうと思っている人は、極論ではありますが、**まずは利益を追求せずに自分の知恵と経験で周りの人のために尽くすことを始めて下さい。**

まず利益のことを考えた時点で、お客様であるあなたの周りの人は離れて行きます。

これは早期退職をしてとにかく利益を上げなければならない状況で起業した時、多くの人が失敗する悪い例です。

年齢が若い時にはそれでもめげずに、新しい顧客を積極的に開拓して成功する場合もあるでしょうが、そこには組織の中にいた時以上の厳しさや辛さが必ず待ち受けています。

六〇歳を超えているのであれば、たとえ法人会社を起業したからといっても、余裕や寛容さを忘れて営業に走るようでは自分自身の楽しみの意味合いが違ってきてしまうと思います。

仕事上のことでイライラしてモヤモヤして周りの大事な友人であるお客様に文句や愚痴を言うようになってしまっては、三六〇度全ての事象が悪い方向へ流れていってしまいます。**六〇歳を過ぎたのであれば自分や周りの人が喜ぶことをしたいものです。**

自分のできることで周りの人に役立つことを考えて実行したい

私も六一歳で法人企業を興して、既に五期目も中盤を迎えようとしています。コンサルティング会社として物流やＩＴ戦略、経営の相談に乗ったり、企業の社員研修講師や、大手セミナー企業が主催するセミナーに講師として招かれたり、大学で講義をしたり、時には海外視察ツアーのコーディネートをして同行したりといった多種な仕事をこなしています。

あくまでもひとりの会社ですから多くの仕事ができるわけではないので、営業は全くせずに口コミとネットワーク作りでお客様ができていくことが多くなります。

それでも充分な報酬をいただき、家族と仲良く、そして以前の仕事仲間や新しく知り合った素敵な友人達に囲まれて、六六歳になる今でも最高に楽しい人生を歩んでいられるのは、やはり常に感謝の気持ちを持ち続けているからだと思っています。

タイの仏教の世界で言うところのタンブン（徳を積むこと）は、お寺にお参りに行くことやお坊さんへのお布施をすることだけではなく、自分の周りの人や世の中に良い行いをすることです。その善行によって自分以外の他の人が幸せになり、それを続けることによって、たとえこの世ではなくても、最後の最後は自分に戻ってくるという教えのようです。

六〇歳を過ぎたならば少しでもこの考え方のように、**まずは自分のできることで周りの人の役に立つことを考えて実行に移したいものです。**

それは大きなことではなくても構いませんので、まず動き始めることが重要です。そして続けることで報酬をいただけるようになれば立派なビジネスになるわけです。

今まで組織の中で続けてきた考え方であるお金をもらうために自分が何かをするのではなく、自分が相手の人に対して何かをしてあげる、しかもそれをすることで自分も楽しく充実することでお客さまが満足して報酬につながっていく、というサイクルに発想を変えて下さい。

これがまさに感謝の動き、徳を積む動きになっていくと思います。

第六章

五〇歳から五年間のアクションプランが決め手

一〇年間のおおよその計画をさらに五年毎に分けるとイメージが明確になる

第一章で六〇歳の姿をイメージして、一〇年間におおよそのやらなくてはならない計画を視覚化しましたが、ここではさらにアクションプランとして落とし込んでいきます。

まずはこの一〇年間を、半分の五年ごとに前半、後半と分けてみます。即ち五〇歳から五五歳までのアクションプランと、五五歳から六〇歳までのアクションプランになります。五年に分けますと当面のゴールが五年後ですから、一〇年後よりさらにイメージが明確になり、五年間にやるべき内容もかなり現実に近いアクションプランとして身近に感じる計画ができてきます。

六〇歳までの後半の五年間もこの段階で作成いたしますが、再度五五歳になった段階で

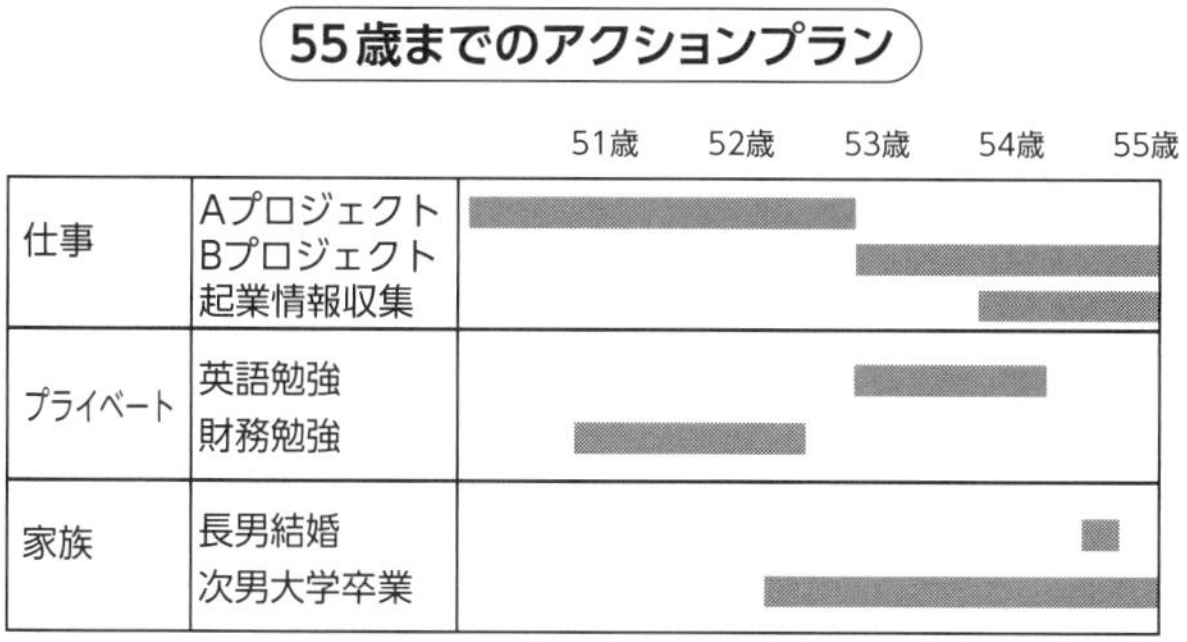

公私の入り混じった行動計画を決めて
自分自身の生きるモチベーションをもう一段上げる

見直しをしながら作成することにします。

この作業はあなたのこれから始まる一〇年間を〝ボーっと生きない〟ために必ずして欲しい作業です。

一〇年間にやるべき事柄を時間軸で明確にし、さらに当面の五年間に焦点を当てて公私の入り混じった行動計画を決めて、自分自身の生きるモチベーションをさらにもう一段上げることになります。

たとえここで詳細化した行動計画が何らかの理由でできなかったとしても落胆することはありません。

前項でも書いたようにあなたはあなたの人生のシナリオライターであり、監督であり、主演ですから、いつでも修正可能であることを頭に置いておいて下さい。

この計画はあなただけのものではなく、あなたの人生に関係する方々にオープン化することもすすめます。

特にご家族には六〇歳の姿のイメージで作った一〇年間の計画と当面五年後の計画を見せて、できれば是非機会を作ってこれからの生き方の共有化をするように心がけて下さい。

これがとても大事なのです。なぜかと言うとあなたを応援してもらえるファンや関係者と共にあなたの人生を盛り上げる、場合によってはこの段階で修正もあり得るのですが、この作業をすることによってあなたの立てた目標を一緒に達成するお手伝いをしてくれるはずです。

この計画をベースとして家族の一〇年間の行動計画も書き加えられると、さらに素晴らしいものになると思います。

五年間のスケジュールに合わせて一年間の具体的な実行計画を策定する

マスター・スケジュールとしましては、一〇年間、五年間前半、五年間後半、そして残りは毎年作成する年間の実行計画です。

一年間は、かなり具体的な計画に落とし込み、収支の見通しまで鑑みて、五年間のスケジュールに照らし合わせて、実行計画を策定していきます。

この一年ごとの実行計画は、年末にその年の実行実績を総括して、年始に新年の実行計画を立てるというサイクルで進めていくことをおすすめします。

必ず一年に一回はあなたの持っている人生スケジュール（計画）を見直す作業を入れることで、毎回自分自身がゴールを確認し、五年間の予定を検証し、年間のできたこと、できなかったことを総括し、次年度の計画に盛り込んだり、修正したりする作業を行います。

これらの作業を進めていくことにより、あなたの一〇年後のゴールイメージが徐々にしかもかなり明確になってくることになります。

これらの作業を六〇歳になってから始めるのと、五〇歳である今から始めるのとではどちらがより効果的か、或いはあなたの人生にとってより実践的かは自ずとおわかりになると思いますし、一番気を付けなければいけないことは、後回しにして全てが手遅れになることです。

年齢が三〇代四〇代であれば、まだ引き返して別の道へ行くリカバリーも可能性としてかなり高くありますが、残念ながら六〇歳になってからの引き返しはあり得ません。

従って、今あなたが五〇歳の時にこれらの作業や将来への道筋を決める準備を進めなければいけないのです。

これであなたの一〇年間のスケジュールから次第にブレークダウンし、来年の実行計画までのマスター・スケジュールが完成しました。

それがあなたの五〇歳から後半に向けた人生計画の第一歩になります。

ここからは最小単位であるこのスケジュール上にある様々なイベントについての具体的な実行性や実行計画のP（Plan）、D（Do）、C（Check）、A（Action）を順次行っていくことになります。

組織内の計画とは違いますので、常に修正、追加は可能の柔軟性のあるマスター・スケジュールと考えて下さい。

五五歳の自分の姿や生活をイメージして行動する

五〇歳の時に一〇年後の姿、そして五年後の姿をイメージして最初の一年間を開始するのですが、ここではさらに詳しく、深くこの最初の五年間の間に実行したいことをお話ししたいと思います。

一〇年間の最初の五年間は、まだどのように定年後を過ごしていくかが揺れ動いている時期であり、六〇歳の姿はイメージしているものの、それを実現できる基本準備ができていないために、この五年間の動きによっては全く違う姿を目指すことが、最終判断となる場合もあります。

従って五五歳までの五年間は、とても大事な五年間になります。

なぜ、このように自分のゴールイメージを一〇年後、五年後と設定するのかというと、人生は常に変化しうるものですから、自分の将来で目指すスタイルや生きる形が変わって当然であり、それに柔軟に対応することが自分の人生を上手に生きる方法であると考えているからです。

一度決めたものに時間をかけてやり切るのも大事ですが、**小さな目標をたくさん作ってひとつずつクリアしていくことで、小さな成功体験がたくさんできて自信にもつながり、良い流れになってくることもあります。**

今のあなたは会社勤めをやり尽そうとしている最終時期の一〇年間で、人生の後半で役に立てるために新しいことを始めようとしているわけですから、**まずこの五年間で自分の中にある隠れた才能やまだ世に出していない自分の能力、或いは好きな趣味などをベースとしてやるべきことを決めていくことが賢明です。**

この五年間は必ず何かを手掛けて後半に自信を付ける

一〇年後のイメージに比べるとさらに五年後のイメージの方がリアルな形として見えていますので、必ず何らかの目に見えるもの、たとえば文書や図、表などにして残しておくことにします。

五年間はすぐに経過してしまいますので、開始するまでの準備に一年もかかっていたら恐らく計画の段階で掲げた五年の目標は完結しないでしょう。

五年間でひとつのことをやり遂げるとしても準備にせいぜい三カ月かければ十分です。

今のあなたの状況は会社の重要な職責を全うしなければいけない立場ですので、まだ一〇〇%の時間を自分の後半人生の準備のために使える環境にありません。

それらを十分に認識し、**時間配分や周りとの調整などを考えながらやれることを出していって下さい。**

五五歳の段階でどのような自分になっているでしょうか？　この五年間で人生の後半に向けての自信を付けるようにしましょう。

そのためには必ず何か手掛けることにするようにして下さい。さもないと何もやらない五年間ではとてももったいないことになりますし、それでは人生の後半戦の初回でつまずくことになってしまいます。

ここでたとえ多少うまく行かなかったとしても何かを踏み出すことで、間違いなく次のステップにつながることになります。

間違えないでほしいのは、何もしないことにより、この年齢での五年間の停滞は後でとても後悔してしまうということです。

予算も決めてP・D・C・Aを回すことを毎年行っていく

既に一〇年後の自分の仕事や生活スタイル、そして五年後の仕事やスタイルをイメージして、それに向かってのやるべきことの計画ができました。

最後に一年ごとの目標設定と行動計画、その他の準備をしていよいよ実行段階に入ります。ここからは一年ごとのあなたの生き方や仕事の仕方、お金の準備などが勝負になります。

できれば一年ごとにおくる人生の計画や予算を決めて一二月、或いは三月に決算をすることをおすすめします。それによって一年間の反省、総括ができると共に、次年度に向けてのさまざまな準備を取ることができます。

もうお気付きの方もいると思いますが、会社経営と同様に複数年の経営計画をベースに年間計画、予算を決めてP（Plan）、D（Do）、C（Check）、A（Action）を回すことを自分の人生の中で毎年行っていくことになります。

企業の中で経営企画部門や各部署・支店の総括部門にいた方はとてもよく理解できると思うのですが、まさのそのPDCAサイクルを自分の人生の中でも応用することをおすすめします。

今までの会社勤めの中で年間計画、予算、決算などの経験のない人がもしおられたとしても、この考え方自体はそれほど難しいものでもなく、事前に複数年のやるべきイメージを作って、それをベースに一年ごとに目標設定をして終わったら、できた点、できなかった点を反省・総括して次年度の目標設定を行っていきます。

P＝年間計画表をビジュアルとして掲げておく

まず「P（Plan）」計画です。

人のお金や人の人生ではないので、それほど堅苦しく考えないでいただきたいのですが、できる限りシンプルにいつでも変更や追加可能な柔軟性を持って取り組むようにお願いします。

そのように考えるとハードルもかなり低くなり、取り組みやすくなってくると思います。

一年間の取り組みたい課題を三点あげて、それに対してひとつずつ「目的と理由」、「内容詳細」、「目標取り組み期間」、「費用」、「手段と終了条件」、「関係する人や場所」などをあげていきます。

できればそれらを時系列で見られるちょっとした年間計画表などを作成すると、よりビ

一年ごとの目標設定と行動計画をして実行段階に入る

ここからは一年ごとの生き方や仕事の仕方、お金の準備などが勝負になる

↓

予算も決めてP・D・C・Aを回すことを毎年行っていく

P（plan）＝年間計画をビジュアルにして掲げる

1 年間の取り組みたい課題

- 目的と理由
- 内容詳細
- 目標取り組み期間
- 費用
- 手段と終了条件
- 関係する人や場所

D（Do）＝ 自分の課題について取り組む
モチベーションを上げるために
「やりたいこと」をする

C（Check）＝「検証」は次のステップにつながる意味のある行為

A（Action）＝ 改善。大事なところからは検証から改善するという一連の流れが必要

ジュアルな計画になります。

これを見えるところに掲げておくことは、自分ばかりではなく、家族も含めて進んでいる方向や取り組んでいる事柄などが共有できると共に、掲げることにより目標としている期限などが常に意識できますので、とても良い意味でのプレッシャーになります。

どのような形でも構いませんので、この年間計画をビジュアルにして掲げて下さい。

D＝自分の課題について取り組むモチベーションを上げるために「やりたいこと」をする

次が「D（Do）」実行です。皆さんへの共通することなのですが、実はこの実行フェーズが最も難しいと思っています。

実行というぐらいですから、具体的に掲げた目標や課題に向かって動かないといけないわけですが、これがなかなか難しいようです。

ここではあくまでも将来への投資で自分の時間を使うわけですから、言い方を変えれば

「やらなくても何ら問題が無い」からです。

これが現在の自分の生活のため、或いは出世のためであれば自分の中の優先順位を上げてでも実行することになると思いますが、ここで実行しようとしていることは、いかんせん将来の自分のことであり、もしその事柄を「やらなくても誰も困らない」からです。

では、どのようにしてこの人生の後半に向けての自分の課題について取り組むモチベーションを上げるかの方法ですが、ひとつはその課題を自分の「やりたいこと」にすることです。

何を当たり前なことを言っているのだろうとお思いかもしれませんが、実はこの「やりたい（Want）」という気持ちが最もモチベーションを高く、長く保つ方法だといわれています。

気持ちの中にはもうひとつ「やらなければならない（Must）」があるのですが、仕事や家族からの依頼などはこのMustに入るので、プレッシャーの中でのモチベーションを高める方法になります。

ただし、この方法は瞬間的に力を発揮する時に適していて、明日までにやらなければならないとなると火事場の馬鹿力ではありませんが、何とかできてしまったりもします。

この本で言いたいことはそのように取り組む気持ちではなく、**持久的に取り組める気持ち、即ち「やりたい（Want）」気持ちで取り組むということです。**

そのためには、自分のやりたいことを課題として計画時の課題設定段階であげることが大事になってきます。

ここまでの説明で計画をして、実行することはほとんどの方ができるのですが、なかなかできないのが次の検証と改善する行為になります。

決して日本人全てが嫌いなわけでもないのですが、なぜか会社の中でも計画と実行はどんどんするにも関わらず、この検証、改善を怠ってしまったり、優先順位を下げてまた次の計画、実行フェーズに入ってしまったりで、ついついこの作業が抜けてしまうことがあります。

あなたの人生でも、これからご説明するこの二つの作業はとても大事なフェーズですので、多くの時間をかけて行うことはありませんが、実行した後には必ずその行動を検証し、良い結果の場合でも、良くない結果の場合でも改善を行うことが次のあなたの行動に良い影響を起こしますので、理解しておいて下さい。

C＝「検証」は次のステップにつなげる意味のある行為

次は「C（Check）」検証です。ひとつ課題の実行が終わった段階で検証を行います。

またすべての課題が終了した時点、即ち年間でもこの検証行為はとても大事になります。**それはこの検証行為が次のステップに繋げる意味のある行為だからです。**

残念ながら企業内でもそうなのですが、計画、実行までは多くの企業、人が行うことができるのですが、この検証行為までできる率は大きく下がってしまいます。

もしできなかったら次の機会にできれば良いと思っても、検証をせずにまた実行しても同じように結果が出ないことになってしまいます。

いくら柔軟性を持って計画を変えることができる自分の人生といっても、成功体験が少なくなってきたのでは、嫌になってしまいますので、しっかりとこの検証作業を行って次回にはどこを注意すべきかを必ず確認して下さい。

A＝改善。大事なところは検証から改善するという一連の流れ

次が「A（Action）」改善作業です。これは検証行為と対になっている場合が多いのですが、検証し問題のある部分を探し出したとしてもそれを改善しないと意味がない訳で、**大事なところは検証から改善するという一連の流れが必要になり、これで意味をなすということです。**

例えば三カ月かけてメンタルトレーニングの通信教育を行う計画を立て、実際に実行に入ります。しかし、ちょうどその時に忙しい仕事が入ってしまい、なかなか通信教育の勉強がはかどらずに三カ月が経ち、計画終了時期が来てしまいました。

この場合の検証作業では、忙しい仕事が来た場合の改善策を考え、他の人に仕事を手伝ってもらえるような体制を考えておくことと、難しければ三カ月の終了予定を四カ月に延ばすプランも改善策として持っておくことを決めて、また次の計画を立てることになります。

このように当面の目標である五五歳までに、五年間にできることを年間計画に沿って活動していき、常に課題活動の終了時と一年間の終了時にP・D・C・Aを考えて次の一年間を取り組んでいくことでさらに実りある人生の後半への準備になります。

今までの三〇年の経験や自分のスキルの棚卸しを始める

それでは実際にどのような課題を、この五年間の中で取り組んだら良いかについて説明していきましょう。

ここでの課題とは必ずしもあなたのレベルアップやスキルアップのための自己啓発ばかりではなく、あなたの家族に起こるイベントやエンターテインメントなども入れて考えることになります。

それはこの五年間が人生の後半の入り口になるわけですから、決して自分のことばかりではなく家族との時間や情報も極力共有して進めていくことが、これからのあなたには必要だからです。

ここでは一〇年間でやりたいこと、やらなくてはならないことを選択するために今までの自分の経験から自分自身の棚卸しを始めてみましょう。

「棚卸し」という言葉にはあまりピンとこない方もいらっしゃると思いますが、倉庫やお店の中にある商品をひとつひとつ確認してそのまま販売するものや廃棄するもの、さらには足りないものを選別する作業のことを言います。

即ちあなた自身の「経験」という倉庫の中から同じように選別する作業をしていきます。これを理想としては仕事関連、趣味関連、その他といった具合にカテゴリーに分けて棚卸しをしていきます。

例えばあなたが経理を専門に経験してきた方であれば資格として簿記一級があり、企業の中での会計処理については管理会計も含めて一定レベル以上の処理能力を持ち、また経営数値などへの展開も可能で経営企画や戦略策定もできる。

マネジメント能力では、明るい性格から部下に慕われる、その結果、チームワークの構築が得意で最高のチームプレイを発揮できる。一方人間を評価する業務は苦手である。

仕事の能力としては、その他ＩＴ業務を兼任していた経験があるので、ＩＴ用語の理解やＩＴ活用のアイデア出しなどは得意である。

一方、趣味としては大学から社会人までサッカーの選手をしていたので、サッカーに関する知識は非常に高く、友人も多い。

音楽も楽器演奏からカラオケ、クラシック鑑賞までさまざまなジャンルの音楽で造詣が深い。コミュニティ活動などでは、朝活のコミュニティから広がっていったベンチャー企業経営者の会やグルメの会などに所属しており、今でも各種セミナーなども通じて多くの社外ネットワークが拡大している。

家族関連では長男が大学三年でまさに就職活動を行っていることもあり、就職の際には家を出て一人暮らしを始める予定である。

長女は現在高校二年でこれから大学進学、そして就職とまだ親の負担は続くであろう。

妻は近所の学校で教師の免許を活用して、臨時講師として一週間に三日の学校勤務をしていて、できる限り続けたい意向である。

自分のスキルや経験の棚卸し

経理能力	簿記一級	経営数値
マネジメント能力	財務知識	チームビルディング
コミュニケーション能力	英会話	中国語会話
その他の能力	カウンセラー能力 IT 能力	人材育成
趣味	スポーツ 音楽	コミュニティ活動

家族関連――長男・大学3年　就職活動

⬇

家を出て一人暮らし

長女・高校2年➡大学進学➡就職

親の負担は続く

妻 ➡ 近所の学校で教師の免許を活用し

1週間に3日臨時講師

このようにできる限りあなたの棚卸しを行い、せっかくですからこれを経歴書などにまとめておくことをおすすめします。

この棚卸しリストはこれから一〇年間にあなたが取り組みたい課題や、しなくてはいけない課題の選別に使用するために、どこかの時点でする必要がありますので、五〇歳をひとつの節目としてこのような棚卸をしておくことによって、あなたのもっている優位性についての整理やこれからやるべきことの整理が可能であるばかりではなく、経歴書などの下準備にもなります。

ひょっとしたら今までの生活では気が付かなかったあなたの優位性や売りに気が付くこともあると思いますので、実行してみて下さい。

一年ごとに新しく挑戦したいことの「挑戦リスト」を作成する

この五年間でやるべきことが大分整理されてきましたね。さあ、ここからはあなたが今までできなかったことで将来に向けて挑戦したいことを整理する時間です。

前提としてできないものは無いので、制約を付けずにとにかく前向きに自分のやりたいことは何なのかを考えてみて下さい。

そこから時間やお金、自分自身の取り組み覚悟などを勘案して候補をいくつか挙げていきます。これも仕事編、趣味編、生活編と分けて考えるとあとでとても便利です。

まず仕事編から考えてみましょう。今までのあなたの経験の延長や分野での挑戦とするか、全く違う分野の挑戦とするかで最初の分かれ道が来ます。

経験分野の中からの挑戦で最も多いのが新たな資格を取得することです。

例えば管理系の職務経験のある人であれば、社労士や行政書士、中小企業診断士、ファイナンシャルプランナーなどは十分検討に値する資格になります。

そのほか仕事に関する挑戦では、今までなかなか取り組めなかった自分の経験からくる業務分野での全く新しい業務アイデアや商品アイデアの企画、検討などもあります。

場合によってはビジネスモデルの特許申請も可能で、現在、或いは将来の仕事へのひとつの突破口になる可能性もあります。

今までできなかったことで挑戦したいことのリスト

仕事編　　**将来的に自分のできる業務範囲は無限なので前向きに積極的に挑戦しよう**

★ 経験の分野

○新たな資格を取得する

社労士、行政書士、中小企業診断士

ファイナルシャルプランナー

○新しい業務アイデアや商品アイデアの企画・検討

○ビジネスモデルの特許申請

★ 今までは全く違う分野

○情報技術（IT）に関する勉強や資格

○情報処理技術者試験

○ ITパスポート

○介護や福祉の勉強、ボランティア

趣味編

○習い事、気分転換、体力・気力を養う趣味

習字、ペン字、楽器演奏

絵画、彫刻、陶芸

料理教室

ゴルフ、ジム

挑戦候補をしっかりと計画し、
予算と自分が作れる時間を勘案して選ぶ

仕事関連では、今までとは全く違う分野での挑戦もやりがいがあって面白いです。これからの時代を乗り切るための情報技術（ＩＴ）に関する勉強や資格は選択が困難なほどです。また難易度もとても難しい情報処理技術者試験のようなものから、ＩＴパスポートのように比較的取得しやすい資格もありますが、資格にこだわらず情報技術（ＩＴ）の勉強をしたいのであれば、ｅラーニングのようにＷＥＢを使用した通信教育は有料、無料問わずたくさんの種類がありますので、是非とも挑戦してみたい分野です。

その他でも介護や福祉の勉強、困っている人を助ける仕事の勉強なども、ボランティア業務と兼ね合わせると勉強しながらの実践もすぐに取り掛かれるかもしれません。

まだまだ将来的に自分のできる業務範囲は無限なわけですから、その意味でも前向きに積極的に様々な挑戦をすることを強くおすすめします。

趣味の世界での挑戦で楽しみが増える

もちろん仕事ばかりではなく趣味の世界でもたくさんの挑戦をしてみたらいかがでしょうか。もちろん、趣味の世界では「楽しみ」が増えるわけですから前向きな挑戦にはなりますが、あまりにもお金がかかるような挑戦はおすすめできません。

あくまでも趣味の世界ですので、ご自分がいままでなかなかやれなかった習い事や気分転換や体力、気力を養う趣味などを推薦します。

例えば、習字やペン字のようにビジネスにも使える趣味の世界や、学生時代にやっていた楽器演奏などをもう一度習い直して、その時とは違った音楽に触れる喜びなどは完全に気分転換に適していると思います。

その他でも芸術的な趣味としては、絵画や彫刻、陶芸など、地方自治体の主催する安価な教室もたくさん種類があります。

さらには、料理教室も楽しそうですし、これこそは家族との距離を一気に縮められる大きな武器になるばかりでなく、家族が病気になった時などの危機管理にも十分なり得ます。家族と一緒にできる趣味を増やすことはとても良いことで、ゴルフのレッスンをご夫婦で一緒に受けていらっしゃる姿をみる機会もあります。ゴルフもそうですが、体を鍛えるジムなども体力保持の有効な趣味として活用することができます。

これらの挑戦候補をただやる気だけではなく、しっかりと計画し予算と自分が作れる時間とを勘案して選んでいきます。しかもこれを毎年幾つかずつ挑戦して行くことをおすすめします。

向上心は身体も心も若く保ちます。自分がもっといろいろなことをやりたいと思う気持ちが多くの友人を生み、活力を出す秘訣だと思っています。

何にでも興味を持って挑戦してみる気持ちは、周りから見ていてもとてもエネルギッシュですので、いくつになっても「格好良い」大人に見えます。

是非ともこれからたくさんのことに挑戦して格好良い大人になりましょう。

今の仕事は積極的に取り組み、「やりがい」を見出し決して手を抜かないこと

現在五〇歳のあなたは会社の中でのポジションは管理職や経営職のような上位ポジションで、あなたの配下にはたくさんの部下がいて一緒に仕事をしていることでしょう。仕事も責任の範囲が広く、職務によっては毎日が緊張する仕事なのかもしれません。あなたが日常の仕事の中で手を抜くことは考えられませんが、人によっては既に出世などは全く考えない会社人生を歩んでいる人もいると思いますが、最低限社会人として自分の対価である契約上の提供役務については決して手を抜いてはいけないと思います。

ここではあなたが今の会社の中で、今までの経験からも或いは五〇歳という年齢からもいかに自分が働くということに「やりがい」や「熱意」をもって取り組めるかということが、次の一〇年以降のあなたの仕事や人生に繋がっていくということになります。

否定する方もいるかもしれませんが、今、定職を持ち、企業内である程度の立ち位置で仕事をしているということは、少なくともあなたの今までの職務遂行能力が認められ、何らかの力が働いて今のあなたがいるわけですから、そのことには自信を持つべきなのです。

ここから一〇年間をさらに積極的に働くことに対して「やりがい」を見出し、或いは組織としても社会的責任やお客様満足などの評価を上げることに高みを見出すことは、さらに別の次元のあなたの実力を示すことになります。

意識的にたくさんの機会を作って社外ネットワークを構築する

自分の身内、旧友、会社内の付き合い以外に知っている人はいますか?

多くの人と知り合うことは、あなたの人生をとてつもなく幅のある人生に変えてくれます。今まであなたが知っている人達だけでこれからの人生も歩んでいくことよりも、ちょっとした意識改革と行動でこれからでも無限大の知人、友人が増えていくことが可能です。場合によっては今までの年賀状だけの友人、知人よりもこれからのあなたの人生に大き

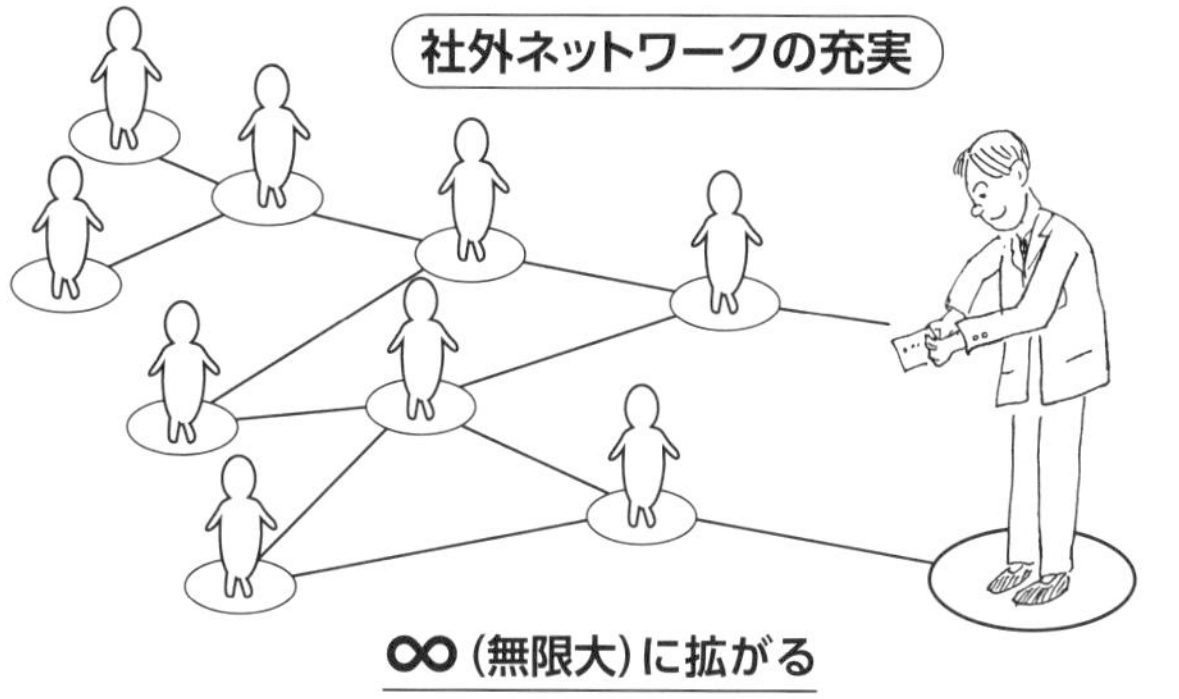

今の会社の付き合いを大事にしながら、さまざまな情報を得るため、外部の人と知り合える機会を探して、たくさんの場所に出かける――今までではない行動が必要

な影響を与える人物と知り合う可能性もありますので、是非とも五〇歳からでも挑戦すべきことです。

そのためには、ひとつには自分自身が動くことです。たくさんの機会を持つことです。**今の会社での付き合いを大事にしながらさまざまな情報を得るために、外部の人と知り合えるたくさんの機会を探して、たくさんの場所に出かけることがとても重要になります。**

今までのような繰り返しの生活では新しいチャンスが出てくる可能性は低くなりますので、今までではない行動が必要になります。

まずは外部セミナーから外部ネットワーク拡大を図る

今の仕事の関連でいえば、職種に関連した外部セミナーがあります。著名人が講師を務める有料のセミナーから、展示会や新商品発表会などのイベント時に行う無料のセミナーまで、週末も含めてほぼ毎日と言っていいほどのセミナーが開催されていますので、まずはこれらのセミナーから外部ネットワーク拡大を図ってみてはいかがでしょうか。

必ず名刺持参で行きます。もし会社の名刺を出すのが好ましくないのであれば、個人用の名刺を予め作っておいてそれを自分の連絡先として持参しましょう。

ここからは度胸と笑顔です。隣に座った人と必ず笑顔で名刺交換をお願いすれば、名刺をお持ちの方であればほぼ一〇〇%交換していただけます。これが第一歩です。

あとはセミナー後の情報交換会や懇親会に出ることができれば二〇人位の人とはすぐに知り合い、挨拶をして名刺交換ができます。

その中で話があった人や共通項があった人、時には友人の友人などとも知り合うこともあります。

大事なことはその後のフォローアップです。当日でも翌日でも気になった人には、必ず知り合うことができたご縁に対する感謝の連絡をするように心がけます。印象を強く持っていただくためには手書きの手紙やハガキが良いのですが、メールでももちろんかまいません。

最初に会った時にフェースブックの話をしておけばすぐに友達申請などもできて、お礼のメッセージを送ることも可能です。このフォローアップする行為がとても大切です。ここで手を抜いていると良好な外部のネットワークはできません。

ソーシャルネットワークで知り合う機会もある

セミナー以外では、ソーシャルネットワークで知り合う方法もたくさんあります。フェースブックやインスタグラム、ツイッターなどでも多くのコミュニティがありますので、そこで知り合うことができます。

ただし気をつけていただきたいのは、ネット上では心配な部分はありますので、本当に友人になるためにはできる限りオフ会などで直に話をしてからをおすすめします。

外部ネットワークを構築し始めると、友人の友人として無限大のつながりができてきます。ここまで来ると後は名刺の使用量が今までの五倍くらいになるのはすぐです。

このように最初に自分で動き出せるかどうかが大きな一歩になります。

どこでも肩書きには一切関係なく常に謙虚に振る舞う

こうなると面白いほどに多くの友人やネットワークが構築でき、多彩なメンバーにより**現職に関連する仕事が舞い込んできたりもします。**

またボランティアやコミュニティ活動へ誘いの声をかけられたりしますので、さらに楽しくなってくることがほとんどです。

ただし、仕事関連のセミナーであれば問題ありませんが、趣味や個人の繋がりの会合などで、たとえ会社の名刺を渡す場合でも、肩書で驚かれる場合があっても、決して偉そうにしてはいけません。

時々ここの部分を勘違いする人もたくさんいて、どうしても癖がついているのか、ついつい上から目線になってしまいます。残念ながらそのような人は友人ができないタイプだったり、できてもすぐに離れていってしまうタイプでしょう。

このような場所では、肩書きには一切関係なく常に謙虚に振る舞う姿勢がとても大事です。

縁が縁を呼ぶ

私の経験でも、五〇歳を過ぎてから知り合った多くの方々が現在の私の仕事を支えて下さっているといっても過言ではありません。

これは様々な機会をとらえて、多くの外部の方々と肩書に関係なくお付き合いをさせていただいた結果だと思っています。

残念ながら職種は限定されていましたが、それでもその時に同じ苦労をした方や、とても楽しい会話を楽しんだ方々が六〇歳を超えた今も気軽に食事やゴルフにお誘いをくださったり、時には現在の私とビジネスがしたいとお声がけをくださる方もたくさんいらっしゃいます。

このように私の経験からも、企業人でいる間にさまざまな機会を利用して、決してシャイにならずに知り合いになっておくことは、とても大事であることがおわかりになっていただけたと思います。

できればどのようなジャンルの方でも、知り合う機会を作るのが最もネットワークを広げる良い方法だと思います。

「縁」という言葉にこだわって下さい。人生の後半もさらにこの「縁」が多く表れるように五〇歳から癖をつけておくようにして下さい。

「縁」はさらに「縁」を呼ぶと言われています。会社員で朝活セミナーや起業セミナーなどに出ると少々アウェイ感があり、最初はなかなか溶け込めなかったりしますが、そんなことを気にしていては人生の後半を多くのコミュニティの中で楽しむことはできなくなります。

今から自分がどこへ行っても自分のホームスタジアムのように謙虚に振る舞い、多くの

多くの人と知り合うことで人生がさらに豊かになっていく

★ちょっとした意識改革と行動でこれからでも無限大の知人・友人が増えていく

○自分自身が動くこと

○たくさんの機会を持つこと

○外部の人と知り合える機会を探して
たくさんの場所に出かける

★職種に関連した外部セミナー

○著名人が講師の有料セミナー

○展示会や新商品発表会などイベントに
伴う無料セミナー

⬇

名刺持参で（個人用の名刺）

⬇

笑顔と度胸　隣に座った人と必ず笑顔で名刺交換

⬇

セミナー後の情報交換

⬇

その後のフォローアップ

⬇　⬇

感謝の手紙　フェースブック

★ソーシャルネットワークで知り合う

○フェースブック

○インスタグラム

○ツイッター

人と知り合うことであなたの人生がさらに豊かになってきます。

組織内で昇格のチャンスがあれば、喜んで応じること

五〇歳は年齢的には会社内ではまだまだ上位職に昇格する可能性が大いにあります。場合によっては社長にまでなる可能性もあるわけです。可能性があるうちは是非挑戦してほしいと思います。

前述しましたが、いくら出世の可能性があるからと言って、人を蹴落として手柄を全部自分のものにして……などともしい考えでいては絶対に上位職やリーダーにはなれません。たとえ誤魔化してなれたとしても、その人に良い会社は作れませんし、その人も良い人生は送れないでしょう。なにより部下がついてきません。

自分自身が納得のいく良い仕事をする、そしてお客様や周りの人達のために自分の動きや成果を提供することを第一の目的として邁進する。それらの振る舞いの結果として昇格や出世に繋がってくると考えます。

「もう会社でできることは全てやった」「あとは定年まで会社で目立たずに問題を起こさずにいたい」などと五〇歳のあなたが考えていたとすると、残りの人生の後半にある楽しみを捨ててしまうようなものです。

この一〇年間でまだまだ自分は伸びると信じて働くことが、先ほどの考えの一〇倍の充実感で満たされるでしょう。そして当面の五年間にできることを真面目に取り組むこと。人事は、普段の取り組み姿勢とタイミングに少々の運で決まっていきます。

あまり出世ばかりを気にしてイライラせずに、今自分に与えられている仕事を自分のできる限りに粛々と行い、良い成果を出すことを目指して下さい。

昇格するチャンスは時として思わぬところでやってきます。五〇歳から六〇歳の間でそのようなチャンスが訪れることは十分考慮しておく必要があります。

そのためには常に準備をしておく必要があります。**昇格となると必ず内示がありますので、その時には自信を持って「ＹＥＳ！」と言い切れないと、あなたを推薦した上層部に失礼になります。**

時には転勤が伴う場合がありますので、この年で転勤はできないなどとは考えずに是非前向きに考えるようにして下さい。この昇格という可能性も五〇歳からの五年間の間にするべきイベントのひとつとしてイメージしておくことが、現実になった時に余裕を持って承諾できる心理状態をつくり出します。可能性として五五歳までに昇格するイメージを作っておいて下さい。

この時期には、何となく社内の空気で自分の昇格の道は無いと思う事態に陥ることもありますが、気持ちは切らさないことです。

五五歳になると大企業と言われる規模の会社ではほとんどのケースで、役員やさらに上層部への道はほぼ決まってくると思います。この年齢でさらに会社上層部へ上りそうな人こそ気を付けなければならないのは、自分の利益や欲に捉われないことです。

さらに謙虚に、寛容に仕事に取り組むことが必要です。あなたの振る舞いによっては社内外では多くの人があなたを評価していますので、厳しい状況になることが考えられます。

偉くなればなるほど腰は低く、人を敬い、世の中を良くすることを考えていただきたいと思います。

第七章

五五歳からの五年間で実行したいことはこれ！

この時点で早期退職して起業することはすすめない

五五歳になったあなたは、定年後の将来に向けてどんな心理状態なのでしょうか。

五五歳になるとますます「定年」という文字が気になりだし、日常の生活は送っているものの、会社でも人事部主催の第二の人生に向けての特別研修やセミナーへの参加通知がきたり、どんどん「定年」が現実的になってくる時期でもあります。

それでも、あなたは周りの人たちと違い、既に五年前の五〇歳の段階である程度の定年のイメージ訓練はしていますので、それほど焦らずに過ごすことができるはずです。

ただし、ここで決して間違ってはいけないことがあります。それは余りにも起業に心を奪われてしまい、早期退職という道に進むことです。

余程の事情がない限り、この時点で早期退職して早く起業することはおすすめしません。

それは五〇代での起業はどうしても利益優先に走ってしまう恐れがあるからです。決して利益優先が悪いと言っているわけではありませんが、今までの会社生活の中で企業の宿命といえる売り上げ拡大、利益確保の道をずっと意識して働いてきたわけです。

これは組織人としてその組織の目的を遂行することは極めて自然であり、当たり前の行動でした。そのために多少自分の家族や自分自身の生活上の時間にも影響を与えてきたわけです。

これから始まる人生の後半戦は、それとは違う働き方を強くすすめています。

そのためには定年になるまで今の仕事をやり切ってからの起業の方が、あなたの心の中にひとつのことを成し遂げた自信と余裕ができて、間違いなく定年後起業の本来の動きや良さが理解できると思います。

もしどうしても会社の定年前に早期退職で辞めることになったとしても、すぐに起業するのではなく、五〇歳の時にイメージして立てたマスタープランを再度じっくり作り直し、人生の後半の生き方を練り直す覚悟がいります。

安易な考えや、社内での悪いタイミングで起こる出来事に巻き込まれての早期退職は、できる限り避けて下さい。

そのためには五五歳になりましたら今まで以上の我慢、忍耐が必要になるかもしれません。

しかしまだ人生の後半がありますので、大逆転は十分可能です。

しかも人生の試合における今までの三〇年間は、これからの三〇年間とほぼ同じ時間を持つことができます。

この時間をいかに自分らしく有意義に、そして楽しく、笑顔で暮らせるとかいうことが、今までの三〇年間以上の喜びを間違いなくあなたにもたらせてくれます。

この五年間は仕上げの期間として維持するスキルと諦めるスキルを振り分ける

五〇歳の時に立てた五年間のイベントややりたいことはできましたか。もしまだ途中であれば辞める必要はありませんので、最後まで続けて下さい。

ただし、五五歳から六〇歳までの五年間は、いままでの五年間よりもさらに具体的に進めて行かなくてはなりません。

あなたが持っているスキルの総仕上げに入りましょう。もしスキルを持っているだけで今まで時間が取れなくて資格試験を受けていない場合は、この時期に挑戦するようにしましょう。

この段階から新たに勉強を始めるスキルですが、内容によっては五年間では間に合わない場合も考えると、諦めざるを得ないスキルも出てくると思います。

ここで今までのようにあまりたくさんのやりたかったことやスキルを選別せず、諦めることも大事です。次に向かっての決断する時であることを理解して下さい。

これであなたが持っている五五歳で選別されたスキルが、定年後のあなたを助けることになりますので、この段階でさらに具体的に自分の定年後に始めたいことと今整理したスキル、経験がマッチしているかどうかを確認します。

まだミスマッチがあるような場合には、この五年間で最後の調整が必要になります。あくまでもここでも自分が人生の後半で生きがいを持って生きることができるかを目標にして動いて行かなければなりません。

働くというよりも自分が楽しめるかどうかを大事にした判断基準で、スキルや経験を生かすようにしましょう。

副業を会社が認めているのならぜひとも申請して始めよう

五年後に迫った定年の準備期間として最も効果を発揮するのが、この段階で副業ができることです。

今の会社が副業を認めているのであれば、是非とも申請して始めることをおすすめします。

各企業により副業の認め方も様々あるようですが、現在の仕事に影響を及ぼさないように配慮するとなると、就業時間以降か、週末に副業の時間を割くことができます。

仕事によっては週末だけでも十分に動き始めることができます。この動きができると定年後の起業のための準備としてはかなり整理できることになります。

すぐに法人化をしなくても副業の間は個人事業主としてビジネスを始め、あるタイミングで株式会社や合同会社などの法人化を進めることになります。

もし副業が可能でこの段階で複数のビジネスアイデアがあるのであれば、それらを試してみることもできます。

まだ定期収入があるうちに将来に向けた実証実験ができることになりますので、昨今各企業が進めだした、これからの時代の流れである副業可能への方針変更は、歓迎するところです。

徐々に今の仕事の仕方を変えていくことを考えよう

五五歳を過ぎるころから会社の中でもこの自分が「定年」になるということが、否が応でもかなり意識されるようになります。

人事部のリスト上でも自分自身としても、事あるごとに定年や定年後の身の振り方などが話題になることになりますのが、あなたは全く焦ることはありません。

なぜならば五〇歳の段階で既にシミュレーションをしてある程度のイメージを掴んでいますので、ここでバタバタする必要はありません。

この段階でまだ六〇歳以降の自分の人生の道標を決めていないのであれば、会社の定年延長制度を使って報酬は六〇％程度に減ることを覚悟の上で会社に残るのか、自分自身のチャレンジもしつつ自分でビジネスを始めるかの最終選択の時期に入ります。

今まで十分検討もしてきているので、この段階でさらにその内容や判断を確認し、選択に間違いがないことを確信します。それにより、強い意志を持っていよいよ人生の後半へのスタートラインに就くことになります。

六〇歳に近づいてくると徐々に今の仕事の仕方も変えていくことを考えて下さい。今までのように常にあなたがいる状態での仕事の仕方は変えていく必要があります。

後任がすべき仕事と、部下に託す仕事、或いは必要無い仕事などをこの段階に見直して

みましょう。

その時点では、選択肢の一つである選択定年で会社に残るとしても、六〇歳でひとつの区切りとなりますので、この「仕事棚卸しプロセス」は必ず行うことを強くおすすめします。

自分がその席にいなくなることを想像することはなかなか難しいかもしれませんが、否定的に見直すのではなくて肯定的な考えで見直すようにして下さい。

たとえとしては、自分が主催していた会議を無くすことにしても業務は問題なく進むのかの確認や、自分の確認のために作っていた資料を無くすことを想像して、或いは実際に自分がいる間に無くしてしまって動かしてみるなどは、とても良い方法になります。

後進の育成は常日頃から意識して組織生活をしてきたと思いますが、いよいよ自分が定年になるこの時期にこそ社内の若手と話す機会をたくさん持つことは、あなた自身の考えの継承や自分でできなかった会社の改革、見直しなどを託す意味でも大きな仕上げの仕事だと思っています。

「どうせ自分は去っていく身だから」とか「後は勝手にやってほしい」などという考えは絶対に持たないで下さい。

あなたがこの会社に四〇年近くいて大変な苦労をしてきたことを、是非とも語っておくことが、あなたがこの会社で働いてきた証であり、その苦労が次の世代に受け継がれて会社が成長していって欲しいと思います。

極論すれば、毎日の仕事は極力減らしていき、最後の一年間は若手と接する機会を積極的に持つことをスケジュール化しておくと、さらにとても実りある定年準備になるのではないでしょうか。

起業の道を選択しているのなら事業開始に伴う項目を詰めておくこと

このような定年に向けて余裕を持って過ごせることは、会社に定年までいることができた結果であり、感謝に値することです。

まだまだ働けるのに定年だからと特別視されて、次の選択を迫られる今の日本の一般的な制度はこれから大きく変わっていくと思いますが、米国の企業のように働けるまで同じ条件で働ける企業が出てくるのは、まだまだ日本では先になると思います。

現行の制度の中でできる限りの働きをして自分のため、そして会社のために何ができるかを考えることが重要になります。

「定年になったので辞めさせられる」ではなくて、「次の人生へこの会社から旅立たせてもらえる」という肯定的な考えでその会社における最終章に臨み、終わらせるべきです。

もし起業への道を選択しているのであれば、この五年間にさまざまな準備をしておくことです。現在の従業員規則上で副業が認められないのであれば、その調査や企業へのステップも計画表上のイベント項目に加えておくことが良いですね。

まずは、起業を手伝っていただける税理士や行政書士などを、あらかじめ見つけておくことや、個人事業主でも法人登録をするにあたっても、会社登記のための本社所在地や連絡先、そして運営にかかる費用の見積もりなどもこの時点でおよその見当を付けておき、

事業計画に展開できる計画書を書いておくのも準備に入ります。

その他、ホームページの制作や名刺、パンフレットの制作、その他の事業開始に伴うさまざまな項目を詰めておくことは楽しいものです。

定年後の第一相談者の家族にすべてを話して理解してもらう

さあ定年が迫ってきています。ほぼこれから何をして生きていこうというイメージはでき上がっています。

最後に、とても大切な家族に思いの丈を話して、必ず家族全員の理解を得ておくことにします。

以前にも書きましたが、今までの会社勤めではあなたの考えや思いについてきてくれる人や理解者が会社の中にいて、何かあればその方たちがあなたを応援し、叱咤激励し毎日を過ごしてきましたが、これからはそのような人たちもあなたがその組織から離れることにより、個人的なつながりは残るものの、それぞれが別の組織に位置することになり、今後はそれぞれの枠組みの中で生きていくことになります。

定年後に起こる様々な課題や問題は、仕事関連を含めても第一相談者は家族になるケースが最も多いことになります。従って今まで以上に家族との距離を縮め、家族との情報や意見を交換しておき、いざという時には真っ先に家族と相談しましょう。

家族がよき理解者となっているのであれば、家族にあなたの胸の内を話しても何ら問題はありませんし、むしろ親身に相談やアドバイスをくれることでしょう。

会社という組織の中にいると、つい気の合う友人や同期と飲み会などで憂さを晴らしたり、悩みを分かち合ったりできますが、定年後はそのような機会もぐっと少なくなりますので、時には家族と食事に出たりして家族間の情報共有に努めましょう。

家族との良い距離感を持ちながら、あなたの定年後のかなり具体化している計画やシミュレーションを家族に話して理解してもらいます。

自分の人生の後半開始に伴う自分の考えを、ご家族に自分の言葉で伝えます。

特にお金の話は包み隠さず話しましょう。もし自分で事業を始める場合にはその準備資金となるお金についても話します。

当然、これから入ってくる定年退職金の使い道は家族と相談の上で決めていきます。完全に働かなくなる時のためにどこかに預けておくのであればその内容を、リスクを鑑みながら運用をする予定であればその内容まで、洗いざらい話して理解や承諾を得ておきましょう。

老後の蓄えは家族の分も一緒ですので、とにかく一から一〇までお金の情報は共有化しておきましょう。

定年の日、爽やかに去っていくのが次につながる別れになる

定年の日の迎え方ですが、私の経験からアドバイスをお送りするとすれば、**明日が定年退職の日になったとしても普段と変わらない日々を送ることをおすすめします。**

変に感傷的になったり、送別会をねだったりは間違ってもしない方が格好いいです。

会社勤めが終わったからと言って人生が終わるわけでもありませんし、お互いに臨むのであれば個人としての繋がりはこれから先の人生でも大いに続いているのであるし、その点からも去る時には爽やかに去っていくのが次に繋がる別れになります。

個人的にはお花を戴いたり、餞別品を戴くというのも、避けた方が良かったと思っています。

私の場合には、簡単な送別会は開いていただきましたが、その他は退任の挨拶程度でほとんど何も特別なことをせずに会社を出てきました。

もちろん、自宅に帰ってもいつも通りでしたので、あまり定年退職のお祝いというのがピンと来ていないところが、定年を意識せずに人生の後半に入ることができ、しかも今とても充実した生活を送れている原点だと思っています。

第八章

六〇歳でついに最盛期がスタートする！

ここからは一年毎に計画、実行、検証、見直し策をたてる

六〇歳を迎えてさらに感じて欲しいことがあります。

今生きている人生はあなたの人生ですので、これから始まる人生の後半は是非自分のために自分で決めて欲しいのです。そして自分で挑戦し実行することを心がけて欲しいと思います。

それでこそあなたの人生をやり遂げることになりますし、後悔なく進むことができると思います。

五〇歳にたてた六〇歳までの一〇年間のマスタースケジュールは六〇歳で終わっています。ここからは一年毎に計画し、実行し、内容を検証し、見直し策をたてるサイクル（PDCA）を毎年していくことになります。

一年ごとが挑戦になるわけですので、やればやるほど自分が高みを目指している感覚に

なりますので、若さが満ち溢れてくるようで年々楽しみ倍増です。

会社は定年退職で離れたものの、やりたいことがまだ見つかっていなければ、早めにハローワークに通い、新聞の募集広告を探し、あなたが満足する職を見つけて下さい。

定年まで頑張って働いたのだから、もう努力は嫌だと言われる方は気持ちを切り替える努力をして下さい。

そこで考えるのは「このまま人生の延長で定年することで良いのか？」と自分に投げかけることです。

今までの企業人生の中で培ってきたあなたの経験は今や誰のためでもありません。まさにあなた自身のものなのです。ここでその経験を最大限に使わない、活用しないことは考えられません。

私も六一歳からハローワークに通いました。小さな企業で会社を大きくしていくという所にやりがいを感じていましたので、そのような会社がないか探していたのですが、たまたま以前の知り合いから個別コンサルティングの案件を打診され、それをベースに起業したのが現在の会社です。

ひょんなことから人生は大きく動き出すことがあります。そのような時がいつ来ても良いように常に準備を整えておかなければなりません。

今ではコンサルティングの仕事や人材育成の仕事に大きなやりがいを感じています。

じっとしていては何も変わらないと肝に銘じ、まずは動き始める

六〇歳になってから自分の人生の後半を考えて、そこから動くとなるとどうしても条件が狭まってきていますので、時間的にも、気持ち的にも余裕を持って動くことができなくなります。場合によっては自分のやりたいこととはかけ離れた形で落ち着くことになる最悪のケースもあります。

そのために、この本の主題である「五〇歳から考える」ことを提唱しています。六〇歳になり、ゆっくりしてからいろいろなことを考え始めようと考えていた人は、どうなって

いるでしょうか。

私の周りにも一カ月位すると「何もやることが無い」と嘆く人がたくさんいます。そのようにならないためには、じっとしていては何も変わらないと肝に銘じて、まずは動き始めることです。

さらには自分を必要としている人をたくさん作ることで、あなた自身のネットワークを広げて、何かできることが無いかを探し始めることです。

自分の行動範囲が広がれば、人と巡り合う機会が多くなる訳ですから必然的にたくさんの方と知り合い、話し合う機会ができてきます。

そこにはご自分の充実した人生に変わっていくあなたが見えるはずです。

既に起業への道を歩き始めている人には、さらに挑戦していただきたいと思います。

今までの組織内ではなかなか挑戦できなかった仕事も、あなたの判断でいくらでも挑戦できることになりましたので、ここはたとえ上手く行かないリスクが多少あったとしても挑戦する気持ちを持ち続けることが必要です。

ただし多額の資金を必要とするような事業リスクは当然ながら用心して下さい。この年齢になり借金と甘い誘惑に手を出すととんでもないことが起きますから、十二分に自分に言い聞かせて進んでいくことです。

挑戦にはたくさんのハードルがあるのは世の常ですし、あなた自身も組織の中でも十分経験してきたことですので、覚悟を持ってハードルを越えてみましょう。

そこには必ず、今までに経験したことのない世界が待ち受けていると思います。そこでさらなる刺激を受けて新しい自分や環境が作られ、楽しい人生がさらに楽しくなることと繋がります。

すべての人が自分自身で人生を楽しくしなければならない

いくら考えてもなかなか実感することができなかった定年後の自分を、実際の年齢が六〇歳になり実際に定年になってみると「ああ、こんなことなのか」と思うことでしょう。

これからが人生の後半の勝負所になってくるのです。十分に楽しんでいるという人も、もっと違う楽しみ方や自分ではわからなかった楽しみ方がひょっとしたらあるかもしれません。それらを知らないままで人生の後半を過ごすことはとてももったいないことです。

「人生の楽しみ方」というフレーズをインターネット上で検索すると、実に様々な記事やコラムなどが出てくることに驚きます。

それだけ「人生の楽しみ方」は多様だということと、間違いなくこの世に生を受けているすべての人が自分の人生を楽しいものにしたいと思っているのです。

大きな会社の組織の中でどんなに偉い人であっても、定年間近のうだつの上がらない社員であっても、はたまた新入社員であっても、パートで家計を支える家庭の主婦であっても、愚痴ばかり言っているＯＬであっても、皆人生を楽しく生きたい、楽しくしたいと思っています。

少し発想を変えるだけで今の人生自体が良い方向へ向かいだすことができれば、こんなに経済的なことはありません。

しかし自分は何もしなくても、誰かが人生を楽しくしてくれる、ということはありません。それぞれの全ての人が自分自身で自分の人生を楽しくしなければならないのです。当たり前のことなのですが、そこを理解して動いている人は非常に少ないのです。

今まで作り上げたプラットフォームがしっかりしていれば何があっても揺らがない

六〇歳までに築き上げた自分の基盤を「自分の人生のプラットフォーム」という言い方をしましょう。

このプラットフォームには、基本的なあなたの考え方、生き方、家族との関係、今までの経験、その経験からくる自分の得意分野、苦手分野、周りの人と関係などがこのプラットフォーム上にあり、何かをする場合にはこのプラットフォーム上にある様々な情報や知見を基本として動くことになります。

六〇年間でできたこのプラットフォームの上であなたの人生の後半が動きます。そのように考えると、五〇歳からの一〇年間でこのプラットフォームを充実させてきたことが理解できると思います。

あなたがこのプラットフォームを作り上げる行為に終わりはありません。六〇歳では六〇歳のプラットフォームがあり、それが常に進化していると考えて下さい。

新しい情報や、過去の情報のアップデート、自分の新しい発想などは常に書き換えられているのです。

ただし、このプラットフォームが脆弱だと、その人の人間性や余裕が感じられないために周りの人達から見ると少々心配に見えることになります。

まずはしっかりとしたプラットフォーム作りを心掛けたいと思います。それは、これからのあなたの人生計画が成功するために、楽しくするためのプラットフォームになります。

今までにじっくりと作り上げてきたプラットフォームを持ち、その上で動く五〇歳から考えてきた定年後の人生計画が始まりました。

基本は楽しまなければ人生ではないことを常に意識していますので、常に良いスパイラルがあなたの周りを回っているように仕向けていくようにします。

少しでも負の風が吹きそうになったのであれば、すぐに何らかの対応をして自分にとって良い風が吹くようにしなければなりません。

しかし、まだまだ長い人生ですので、どんなに気を付けていてもかなり強い向かい風の中に入ってしまうこともあると思います。

そのような時でも今まで作り上げてきたプラットフォームさえあれば、基礎が崩れることは無いので、たとえ上物が風で吹き飛ばされてしまったとしても、このプラットフォームの上にすぐに立て直すことが可能になります。

大いにこれからの人生を楽しむためには、基盤をしっかり持っていることで思いきりあなたの計画を遂行できますし、挑戦もできます。

さらにはそのような環境であれば、余裕を持って生きていかれますので、あなたが生きていた証であるものを定年後にさらにこの世に残す努力をすることができます。

まだまだ人生を楽しむことにどん欲になって、あなたの人生の後半を生きていただきたいと思います。

前向きの気持ちは必ず明日につながる

六〇歳になって前向きの気持ちやモチベーションを持っていますか。

一般的にこの年齢に達すると人生の大部分が終了して、あとは「余生」を楽しむというような風潮があるように思えますが、そんな流れには強く抗うようにして下さい。

皆さんも「余生」という文字から自分の人生の残りの部分と感じていませんか？　このように考えていたのでは六〇歳を迎えた今、これからのさらなる人生を楽しく過ごすための阻害要因になってしまいます。

是非、この「余生」という文字の意味を残りの人生を余りなく生きると考えて下さい。そのように考えることによって、生きる活力やモチベーションを高めることができます。

私は二〇代から三〇代までの若年齢層の時にはあまり前向きに考えることができません

でした。会社でも先の目標が見いだせずに、それでいて毎日の仕事はとてつもなく忙しい時代でしたので、毎日少々神経質に生きていた時代でした。

特に一回目の海外勤務から帰国した時の、仕事の仕方の違いからくる後ろ向きな気持ちは、その場から逃げ出したい思いにつながっていました。

結婚はしていましたが、家庭でも少々暗い時期だったのではないかと思います。

それが四〇代に入り二回目の海外勤務を始めて、日米の仕事に対する取り組み方を勉強、実践するうちに基本的に仕事や人生は楽しくなければいけないという結論に達しました。

そこから常に前向きな気持ちを持つための心構えやルーティン、リーダーシップなどを徹底的に勉強し直し、生きている限りにおいては前向きの気持ちが全てを良い方向へ導くとの信念のもと、前向き人生を盛んに周りに説いてきました。

「何とかなる」は魔法の言葉

前向きの気持ちでいるコツを掴むと、ちょっとした工夫で辛い状況下でも前向きな気持ちを作れたり、導いたりすることができると思います。

例えば言葉ひとつとっても違います。よく例に出すのですが、友人や同僚などに状況を聞いた時の答えに「忙しくて大変です」と答える人はたくさんいます。

そのような場合には**「大変な時こそ、大きく変わるチャンスだね」**と言うようにしています。

或いは、大きな課題の壁に突き当たってしまい、八方ふさがりになっているような状況では、**「とにかくどこかに切り崩せる道があるので、いろいろな方法を試してみましょう」**と言うようにしています。

これらはもうどうしようもないと思っている人達に対して、まだまだ方法はあると前向きにさせる言葉です。

そのような時こそ、じっとしていないで動けば必ず良い方向があるという暗示にもつながりますので、行動に繋げることで前に進ませることを意識させます。

「何とかなる」と思うことも大事です。決していい加減な気持ちでこの言葉を使うのではなく、これはあなた自身の経験や生きざまに裏打ちされている言葉でもあるのです。

この魔法の言葉も周りの人達や自分を勇気づけてくれます。

今までの人生を生きてきたことはとても尊く、素晴らしいことで、あなたのその経験をもってすれば今起きている状況やこれから先に起きる厳しい状況など、どんな辛い状況にある時でも「何とかなる」ものなのです。

その時には本当に必死な状況でさまざまな手を打つのですが、今考えてみると全て何とかなってきて今の自分がいるのですから。

時には開き直るような魔法の言葉を持っていることも、前向きにさせる良い方法です。

笑顔が周りや自分を幸せにする

「笑顔」は自分の気持ちや思いを相手に伝える最高のツールだと思っています。

今、自分は最高に幸せですよ、と相手に伝えるには最高の笑顔と共に伝えるのが最強でしょう。これをいくら飾り尽した言葉を使ったとしても、そこに笑顔が無ければ当然疑ってしまいます。

このように生活や仕事のさまざまなシーンで「笑顔」を多く取り入れると周りや自分が幸せになれるのです。これこそお金のかからない、究極のコミュニケーションツールでしょう。

皆さんも経験があると思うのですが、海外旅行や出張などに赴いた時、宿泊先のホテルでエレベーターに乗り合わせた際に、相手が「ハーイ」とか「ハロー」とか言う場面に出会ったことがあると思います。

その時の彼らのほとんどは笑顔なのです。彼らはあなたを見て「私はあなたの味方ですからね」と笑顔で表現しているのです。

こういう考え方は、小さい時からそのように育てられてきたからかもしれませんが、なかなか日本人にはわからないかもしれません。それだけ生活の中に笑顔が自然に入りこんでいるのです。

また写真撮影などでも必ず「スマイル」を強要されます。公式の免許証や会社の社員証などでも必ず笑顔を要求されます。彼らにとって笑顔はその人の持つ最高の顔だと信じています。だからとてもこだわるのだと思います。

「余裕」「寛容」「感謝」が良い人生を作り上げる

六〇歳になって会社を定年してから、さらにそのような笑顔の毎日がおくれるように自分自身を持っていくことをおすすめします。笑顔を多くするためにはまずは「余裕」が無ければできません。

自分の生活、仕事や働き方、考え方、遊び心などで余裕を持っていることで、何かあっても「笑顔」で対応ができてきます。

そして次が「寛容」です。相手のことを思いやる心、自分のことよりもまずは相手のことや周りのこと、そして何かあっても怒らず、落ち着いた気持ちでいることで自分自身のコントロールができます。

そしてもうひとつが「感謝」の気持ちです。自分ひとりではこの世の中何もできないということは理解していただけると思います。常に誰かがあなたを助け、あなたがだれかを

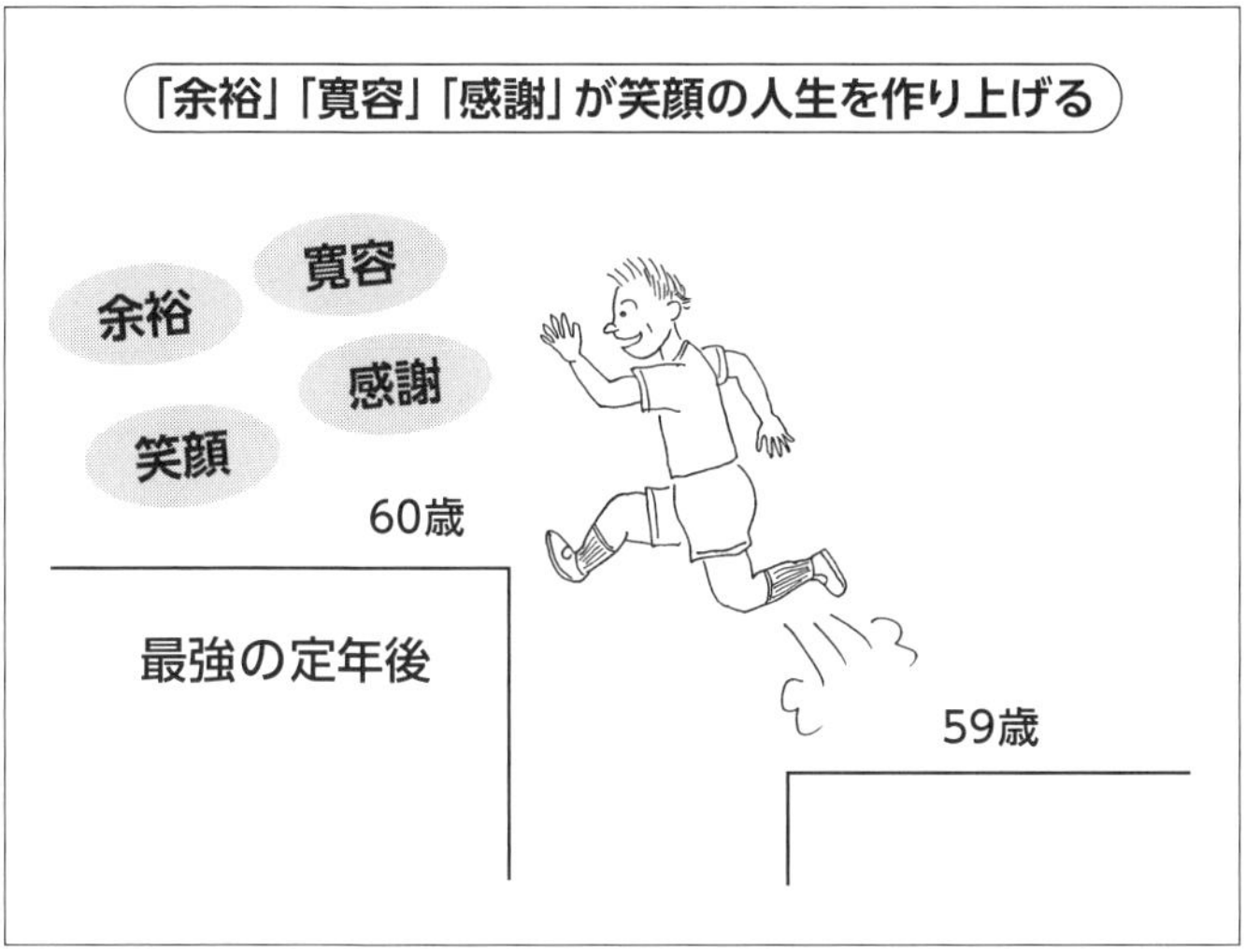

助けしているのがこの世界です。常に感謝も気持ちを持ち続けることが自分を成長させ、さらに良い社会を築き上げると思います。

六〇歳を過ぎたのであれば、この「余裕」、「寛容」、「感謝」の三つで間違いなく笑顔で暮らせる毎日が形成されることになります。

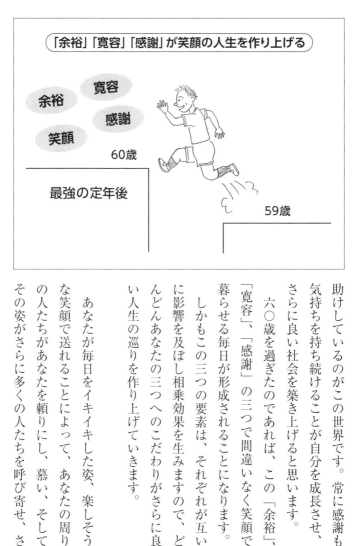

しかもこの三つの要素は、それぞれが互いに影響を及ぼし相乗効果を生みますので、どんどんあなたの三つへのこだわりがさらに良い人生の巡りを作り上げていきます。

あなたが毎日をイキイキした姿、楽しそうな笑顔で送れることによって、あなたの周りの人たちがあなたを頼りにし、慕い、そしてその姿がさらに多くの人たちを呼び寄せ、さらにその人たちを元気付けていき、友人が増えていきます。

同年代の人には、さらなる生きる喜びを、若い人たちには未来への憧れを見せることになります。

「余裕」、「寛容」、「感謝」あふれる姿こそが皆さんが生きていた証になるはずですし、そして最後まで笑顔で人生の楽しさを貫くことが、ひとりひとりの価値ある一生になります。

あとがき

「人生は一〇〇年時代、五〇歳からが本当のスタート」

この本をお読みいただいて、五〇歳から人生の後半への再スタートが始まることを実感として捉えていただくことができましたでしょうか?

お読みになったご感想はいかがだったでしょうか?

「ひょっとして定年後は自分でもこんなことができるのではないか」などのイメージを持つことができましたでしょうか?

または「こんな考え方を持ちながら一〇年間働いてみたい」など、皆様にそのような感想を持っていただけたら私にとって、とてもうれしい評価になります。

五〇歳はひとつの節目です。この節目を迎えた皆様が今一度、これからの人生について改めて考え、もっともっと良い人生にするきっかけを掴んでいただければ幸いです。

人生はなるようにしかならない、今いくら準備しても楽しい人生なんて来やしないと、もし否定的に考えていたとしたら、少しでも前向きな考えや生き方を理解していただきたいと思います。

前向きに生きることはあなた次第ですし、あなたが変わることで周りの人や周りの環境も前向きに変わっていくことになります。

あなたが笑顔で楽しく過ごし始めると、周りの人たちも間違いなく笑顔になります。

どなたでも五〇歳まで生きてきたご自身の経験に、少し行動や考えを変化させることでできることが山のようにあります。大事なことは何かを始めることです。

特に人生の後半に向けて今までとは違う考えで、行動を起こし動き出すことで今まで見えなかった景色や知らなかった世界、人々が無限大に増えていきます。

私は人間が輝いて生きるということをあまり意識したり、感じたことはありませんでした。それが定年後五年経った今、私自身が生きることが楽しくて、まだまだ取り組みたいことが仕事も趣味でも出てきて、とにかく毎日が充実しています。

日本国内、海外も含めてどこへ行ってもたくさんの仲間が迎えてくれる。そしてほぼ毎日のように新しい人と出会うような生活が続いています。これはやはり定年後に与えられる時間や生活の余裕や仕事の裁量や自由度が、このようにできる要素なのではないかと感じています。

自分自身の生き方を心から豊かにすることは、今からさまざまな準備をすることで必ず叶えられることになります。

皆様の未来はまさに、始まろうとしているのです。

私のそのような思いをこの本で少しでも皆様に感じていただき、そして必ず皆様に経験していただきたいとの気持ちを込めて執筆いたしました。

この本の発行にあたりまして様々なアドバイスと叱咤激励をいただいたKKロングセラーズの真船壮介さん、富田志乃さん、本当にありがとうございました。お二人のご支援無くしては刊行までたどり着けなかったと思います。心から感謝しています。

そして直接口には出さないものの常に気にしていてくれた妻や娘たち、いつも笑顔で励ましてくれた志縁塾の大谷由里子さんや講師仲間たち、さらには勇気を与えてくれた私の多くの友人たちに心から感謝しています。

そして何よりも最後までお読みいただきました読者の皆様には、最大級の謝辞をお送りいたします。有難うございました。

人生一〇〇年時代ですが、自分の人生は自分で決めて自分で作らなければなりません。そのためには今日からでも動き始めることが必要です。

皆様が動き始めることによって、皆様の人生が輝きを増します。

皆様のこれからの人生が素晴らしい頂に向かえますように、心よりエールを送りつつ筆をおきたいと思います。

野口雄志

最強の「定年後」

著　者　野口雄志
発行者　真船美保子
発行所　KKロングセラーズ
東京都新宿区高田馬場 2-1-2　〒 169-0075
電話（03）3204-5161（代）　振替 00120-7-145737
http://www.kklong.co.jp

印　刷　大日本印刷（株）
製　本　（株）難波製本
落丁・乱丁はお取り替えいたします。※定価と発行日はカバーに表示してあります。
ISBN978-4-8454-2440-5　Printed In Japan 2019